不懂营销 创业不成

创业者的营销指南　企业营销的赋能宝典

姜东伟◎著

线装書局

图书在版编目（CIP）数据

不懂营销 创业不成 / 姜东伟著 . — 北京 : 线装书局 , 2023.9
ISBN 978-7-5120-5726-5

Ⅰ.①不… Ⅱ.①姜… Ⅲ.①营销 - 通俗读物 Ⅳ.
① F713.3-49

中国国家版本馆 CIP 数据核字 (2023) 第 174092 号

不懂营销 创业不成
BUDONGYINGXIAO CHUANGYEBUCHENG

作　　者：	姜东伟
责任编辑：	林　菲
出版发行：	线装书局
地　　址：	北京市丰台区方庄日月天地大厦 B 座 17 层（100078）
电　　话：	010-58077126（发行部）　010-58076938（总编室）
网　　址：	www.zgxzsj.com
经　　销：	新华书店
印　　制：	天津市天玺印务有限公司
开　　本：	710mm×1000mm　1/16
印　　张：	12.75
字　　数：	220 千字
版　　次：	2023 年 9 月第 1 版第 1 次印刷
定　　价：	68.00 元

线装书局官方微信

目 录
Contents

前 言

第1章 营销：本质在于交换价值

价值营销时代来了 ⋯⋯⋯⋯⋯⋯⋯⋯⋯⋯ 2
营销不只是卖商品，更是卖服务 ⋯⋯⋯⋯ 5
准确定位与精准投放 ⋯⋯⋯⋯⋯⋯⋯⋯⋯ 9
打造品牌的影响力 ⋯⋯⋯⋯⋯⋯⋯⋯⋯⋯ 13
满足用户的多重需求 ⋯⋯⋯⋯⋯⋯⋯⋯⋯ 17

第2章 定位：做好营销的关键

占领用户的心智——品牌符号 ⋯⋯⋯⋯⋯ 22
找准自己的赛道——品类规划 ⋯⋯⋯⋯⋯ 26
熟悉目标用户群的喜好——赚谁的钱 ⋯⋯ 30
打磨能解决用户痛点的商品——商品定位 ⋯ 34
商品的灵魂——定价 ⋯⋯⋯⋯⋯⋯⋯⋯⋯ 37

第 3 章　品牌：从 0 到 1 打造品牌

聚焦服务对象，探索用户需求 …………… 44

珍贵的碎片化时间 …………………………… 49

给用户一个选择你的理由 …………………… 53

品牌传播中，听懂比听到更重要 …………… 56

品牌故事也有模板 …………………………… 60

找好品牌背书，快速获取用户信任 ………… 66

第 4 章　创新：好商品自带营销属性

好商品是行走的名片 ………………………… 72

打造商品的差异化标签 ……………………… 75

独特的商品才能满足个性化需求 …………… 79

品质是用户不请自来的根本原因 …………… 82

如何实现商品的自传播 ……………………… 85

打造具有爆款潜质的产品 …………………… 89

将商品玩出"高级感" ……………………… 93

第 5 章　跨界：用创意规避同行竞争

跨界，可以拓展企业的营销之路 …………… 98

捆绑销售是很好的跨界营销 ………………… 102

跨界营销要实现"1+1 > 2" ………………… 104

商品如何"捆绑"，才更有利 ……………… 108

好的营销：承担使命，传递爱 ……………… 111

第6章　场景：打造沉浸式消费体验

找到商品的有效营销场景 …………… 114

为用户搭建新的营销场景 …………… 117

如何构建人性化的营销场景 …………… 122

挖掘用户的生活场景 …………… 125

增强用户的场景体验 …………… 128

利用场景增加用户的互动兴趣 …………… 133

通过场景实现营销转化 …………… 135

第7章　to B营销：知己知"B"的内容营销

了解B端商品的市场定位 …………… 140

解读B端用户的需求 …………… 143

从"流量思维"到"用户思维" …………… 148

从"爆款思维"到"小众思维" …………… 150

从"快营销"转为"慢营销" …………… 153

第8章　渠道：了解更多，打得更准

社群营销：发挥粉丝效应 …………… 158

视频营销：实现低成本变现 …………… 161

口碑营销：让用户成为品牌代言人 …………… 165

全域营销：突破营销的格局 …………… 168

社区营销：建立信任关系 …………… 172

第 9 章 实战：小微企业如何做好营销

取一个朗朗上口的名字 …………… 178
门头准确表达你做的是什么 …………… 182
一句打动人心的广告语 …………… 185
做好 3 公里内的饱和营销 …………… 189
拍摄几个让人看了想转发的短视频 …………… 192

前　言

如果你是一个创业者，让你选择学习一门知识，你会首先选择学习什么？

经营好一门生意或一家企业，需要掌握的知识技能有很多，每个人的时间、精力都是有限的，不可能所有知识都一一掌握。

如果只能选择学一门知识，你认为学什么最重要呢？商品知识、财务知识、团队管理……多年的工作经历告诉我：要经营一家企业，首先要学会的就是营销！

在信息大爆炸的时代，所有的知识都可以通过技能培训获得。只要打开网络，我们就能找到大量的网课、学习App、职业培训和商业资讯分享。但即便如此，多数创业者还是会失败，为什么？其中的原因之一就是不重视营销。

其实，营销才是创业者最应掌握的能力！商品再好，卖不出去，也是徒劳；管理再好，团队再强，不产生价值，同样是徒劳；老板知识再丰富，不能让生意变现，只能停留在"知道"而已……

今天，我们已经具备了相对成熟的创业环境；同时，市场空间、政策红利、"互联网+"延伸出来的创业机会，使得现在已经成为大众创业的黄金时代。很多年轻人都想搭上时代的顺风车。在政策扶持下，层出不穷的创业项目、不断涌入的资本，更激发了创业者的热情。

在企业经营中，创业者经常讨论的是商业模式、商品体验，这无可厚非，但很多创业者都忽视了最关键的一环，即如何快速抓住用户的眼球，这比懂怎么做商品更重要！

不懂商品，可以找专业的商品设计者合作；

不懂财务，可以找专业的财务合作；

不懂人力资源管理，可以找专业的人事、团队管理者合作；

创业者唯一需要搞明白的就是营销，要将渠道抓在自己手里！

为了能帮助更多的创业者，我结合自己多年的营销经验创作了本书。

这是一部能帮助创业型企业提升市场认知度的营销著作，也是一部可供品牌从业者随时查阅的营销手册。该书从营销的核心概念、典型的营销案例、新颖的营销技巧等维度精心打造，是一本适合中小型企业使用的营销指南。

移动互联网时代，营销已深入到商品的设计、生产加工、配送、包装、售后等每个环节，已经变成一种理念。创业的带头人是企业的精神领袖，只有懂得营销，才能将自己的商品和品牌快速推广出去，实现最终的交易。

只有你懂营销，才能快速组建一支强大的营销团队；

只有你懂营销，才能根据早期用户的反馈，完善自己的商品或服务；

只有你懂营销，才能说服投资者投资你的企业；

只有你懂营销，才能顺畅地与分销商、供应商沟通合作；

只有你懂营销，才能让你的商品快速占领市场；

只有你懂营销，在未来，才能将企业卖个好价钱。

所有的秘诀都在于两个字：营销！

姜东伟
2023 年 3 月

第 1 章

营销：本质在于交换价值

价值营销时代来了

在今天的消费市场我们会看到很多打折商品，有些商家甚至还会提前预热，"打折""促销""满减"等不绝于耳。为什么企业和商家喜欢降价，动用价格手段呢？从心理学角度来说，虽然用户对价格、商品和服务等都异常敏感，但降低价格是最容易打动用户的手段。

可是，盲目采用这种方式，很容易走入死循环，只要商品恢复原价，用户就不再过问了，只有再次降价，人们才会有所反应。这是一个恶性循环，会导致品牌价值无法体现，品牌利益越来越小，在一轮又一轮的降价中，有些品牌就会淡出人们的视野。因此，企业做营销，就要学会价值营销，而不是价格营销。

今天的商业环境已经发生巨大变化，用户消费的动机和途径等也和过去有所不同，依然沿用过去的营销模式，已经无法取得理想的效果。企业只有创新营销方式，方能博得一席之地，而价值营销正好满足了这种需要。创新营销的必要性分为如下2个方面：

1.互联网技术的发展，改变了营销模式

过去信息不对称，用户要想了解更多的商品信息，只能依赖于销售人员介绍。随着互联网技术的发展，用户有了更多的渠道来获得商品信息。信息载体更多是线上，销售人员无须跟用户面对面交流，且用户对销售人员的依赖越来越小。

2.需求更被重视

以前用户的购买行为，更多的是为了解决已经存在的痛点问题，而如今物质更丰富，技术更新，竞争更激烈，用户痛点一般都不会长期存在，商家更需要发现新的业务机遇，找到新的问题解决思路，学会营销是必然的。

什么是价值营销

关于"价值"一词，很多人都不陌生，但很少有人能真正明白并将其运用到营销上。

以一只普通的杯子为例。对于这只杯子，从不同角度去看，就能激发出不同的价值点。例如，杯子本身的合理售价为10元；如果在杯子上贴上星巴克标签，杯子的售价就会大大提升，这就是品牌的价值。再如，以谐音为基础，赋予杯子"一辈子"的延伸意义，将这个杯子包装成情人节礼物等，这个杯子的价值点又会发生变化……

同样的杯子，采用不同的营销方式，就会产生不同的价值，价值营销的魅力就在于此。只有认真挖掘商品的卖点，对商品进行深度的包装，你的商品才能比同类商品更有竞争力。

总之，创造商品功能之外的更多价值点，撬动用户的消费行为，就是价值营销。对于用户来说，折扣是一时的，但他对某个品牌的印象是难以改变的！而对于企业来说，价值营销是健康发展的必经之路！

那么，究竟什么是价值营销？有人曾这样定义："价值营销(Value Marketing)是企业对抗价格战的出路，也是企业真正成功的关键。价值营销是相对于价格营销提出的，'价值营销'不同于'价格营销'，它通过向用户提供最有价值的商品与服务，创造新的竞争优势。"也就是说，只有塑造商品价值，才能在市场中形成强劲的影响力，战胜竞争对手。这种潜在的、独特的价值比单纯地进行价格战更硬气、更稳定、更牢固。

同为矿物质饮用水，农夫山泉卖 3 元 / 瓶，依云水却卖到了 18 元 / 瓶，并远销全球 140 多个国家和地区。为什么依云水可以卖得那么贵？除了水的品质好、包装新颖之外，主要原因是商品价值独特。

依云塑造了"live young"的商品附加价值，给用户留下"当你喝下依云水时，能感觉到心中纯真一面的复苏"的美好印象。

青春一直存在于每个人的心中，"live young"的价值观值得每个人去珍惜。所以，依云矿泉水的"贵"不只贵在水的品质，还贵在珍惜纯真，唤醒了人们内心深处那份最天然、最单纯的美好。

这就是价值营销的意义，即使价格是普通商品的 6 倍，依云水照样赢得了用户的青睐。

价值营销要求的不单是营销能力的转变，更是系统性的思维升级，需要销售人员改变思维和工作方式，具体涉及客情关系建立、商机推进、用户定位、营销管理、营销运营等整个流程，需要根据不同的营销场景，制定合适的价值营销模式。更需要营销团队完善自己的绩效考核制度，顺利推动价值营销转型。

当然，不是所有营销场景都适合价值营销，需要从组织层面和营销场景层面去定位，形成一种真正以用户为中心的企业文化。

营销不只是卖商品，更是卖服务

随着电商等销售渠道的逐渐完善，人们已经不再满足于商品本身的属性，而对商品的服务属性要求越来越高。

网络上很多人都说，四川航空公司的飞机餐可能是全中国最好的飞机餐。原因何在？因为四川航空公司有几个做法有别于国内其他航空公司：

> 四川航空公司的服务，不像其他航空公司那么正式，反而多了亲切的意味。
>
> 送餐时，空姐会问乘客要不要辣酱，很多时候，多数乘客都会要辣酱。除了常规的冷热饮，他们还会给乘客提供一些特别饮品，例如热的红枣茶。如果乘客需要续杯，空姐也会积极地为乘客提供服务。
>
> 除了常规餐饮外，他们还提供一些特别的小吃，例如蒸胡萝卜、蒸红薯、蒸土豆等，都是符合健康饮食潮流的食物。

这些细节加起来，就让四川航空成为众人眼中"好服务"的典型。原因是他们的服务正好满足了"好服务"的两个条件：一是超过一般标准；二是超出了用户的事前期待。

在海底捞，食客总能收获各种温暖的服务：独自一个人吃火锅，可以享受可爱玩偶的陪伴；排队等位时，海底捞的工作人员会给等位的人们提供一些小零食，打发时间、解闷；如果食客正好过生日，还会享受到服务员们的祝福歌声。因此，很多去海底捞消费的顾客，多数都是冲着海底捞的服务去的。

用户对企业或品牌的评判标准非常相近。例如，去一家口碑不错的餐厅，人们一般都想吃到口味超水准的菜品，享受到水准之上的服务。如果菜品和服务都很一般，甚至很差，他们多半都会表现出不满；如果菜品和服务比预想得要好，他们就会感到特别惊喜，很可能下次还会去。

用户对每次服务的满意度都取决于他"那一次"实际感受到的服务。所以，企业要想办法让每次服务都超出用户的预期。只有这样，企业才能赢得口碑。

我们已经进入移动互联网时代，传播技术和体验经济的快速发展，让品牌的引爆周期变得越来越短。要想在有限的时间里抓住用户，就要关注用户的体验，要通过现实的服务，让他们感受到品牌的真心，实现心与心的碰撞。

1. 精益服务

所谓精益服务，就是不让用户的消费过程有任何障碍，让消费真正成为轻松愉快的事。

举个例子，去超市购物，很多人可能都有过这样的体验：超市会关闭很多收银通道，让人们在一两个收银台前排队付款。超市之所以这样做，可能是为了节省人力成本，虽然确实节省了人力，却浪费了用户的时间。更糟糕的是，从服务的角度看，收银环节的延缓很容易引发用户的不满，甚至放弃消费。这不符合"精益服务"的精神。

精益服务，通常要做到以下几点：不浪费用户的时间；为用户提供他们确实需要的商品；在用户关心的地方给他们提供商品或服务；在用户确切希望的时间，为他们提供商品或服务；提供各种解决方案，为用户减少麻烦。

2. 人性化服务

所谓人性化服务，就是设身处地地为用户着想，尊重用户，善意、体贴地对待用户。企业的服务理念、服务标准都要通过与用户互动来实现。其中，用户是否被尊重，是否获得善意的对待，他的需求是否受到了重视和满足，是企业人性化服务的重要考核标准。

人性化服务的原则如下：

（1）当用户遇到问题时，可以找到为他解决问题的人。有些企业在营销的过程中，时常发生在用户不需要时出现过多的服务人员，希望他消费；等到用户真的遇到问题时，却找不到能够为他提供帮助的人。有些商家设置了用户热线，但面对用户的问题，只能机械地回答"××业务请按1""××业务请按2"……一番折腾下来，用户被搞得头昏脑胀。而用户想要的是找个能真正沟通的人，问一两句话，把问题解决掉。所以，既然要提供人性化服务，首先就要让用户顺利地找到能帮他解决问题的人。

（2）在服务中融入感情和善意，避免冷漠和无视。真正的人性化服务，会在服务中投入感情和善意，服务自然是亲切的，能让用户感觉到舒服。某品牌有一家销售明星店，以极致服务闻名，连给客人奉茶，都是按照标准茶道礼仪步骤进行。但是，有一次新来的门店总监发现，员工奉茶时哆哆嗦嗦，搞得客人也非常紧张。他认为，在工作人员的潜意识里首先考虑的是自己需要按照企业制定的行为手册做事，服务变得徒有其表、缺乏那种自然和随和了。于是，总监设定了新理念，即"行为准则有时是多余的，和手册相比，心更重要"，后来工作人员工作起来果然不再那么紧张了。

（3）对于用户的具体、细微甚至额外的小需求，不可忽视。相对于企业，用户常常处于很被动的地位，只能在制式化的众多服务中选择能满足自己需求的项目，不得不放弃一些对自己来说很必要的需求。例如，用户想去买东西，却不知道想去的店有没有，最好能事先打电话获得消息，以免白跑一趟；用户买了太多东西，拿不动，最好有人帮他送到车里或出租车上、公交车站等；用户带孩子去买东西，孩子会很调皮，最好有一个安全的地方让孩子暂时玩一会儿；因此，企业如果能为用户多想一些，多给用户提供一些便利，肯定能赢得用户的口碑。

（4）个性化服务。很多人逛商店时，都不喜欢店员跟在身边，不想让店员推销，只想静静地挑选自己需要的商品，怎么办？答案就是做好个性化的营销服务。

国外有一家商店，提供了一项特别服务，叫"不准跟我说话"。在服务台摆放着一个精美的徽章，用户只要将其戴在身上，店员就不会再来跟他搭话，除非用户主动询问。

还有一家化妆品专卖店，设计了一种腕带手环，其中不同的颜色代表不同的服务：白色代表"我想尽快买好东西"，粉色代表"我想自己慢慢看"，绿色代表"我时间充足，接受店员推荐"……如此，无论用户的需求是什么，该店都能满足。

通过以上两个例子可以发现，个性化服务一般包含两层意思：一是满足用户个性化的服务；二是满足用户在别处未能获得的服务，建立用户关系和品牌形象。

> 某女士是宜家的常客，经常去宜家买生活用品。但有段时间，她却不愿意去了，为什么呢？因为她已经买过很多，不需要再大宗购买了，每次去就是补充一些小物品。为了购买几十元的物品，就得跟大宗采购的用户一起排队，看到前面排队的人推着装得满满的手推车，她就觉得特别绝望，这得等到什么时候？
>
> 宜家很快发现了这个问题，重新规划了收银线，为只买几件小商店的用户专门开辟了一个通道，安排了七八个收银台一起服务。后来，某女士又愿意去宜家了。

让用户得到快乐的个性化营销服务就是完美服务，是服务的最高境界。虽然在这个世界上不存在所谓的完美服务，但如果服务过程结束时，用户感到快乐，这次服务就可以说是完美的。

准确定位与精准投放

随着移动互联网的发展，众多企业或主动或被动地将业务迁移到线上，各行各业对线上流量的争夺变得更加激烈，流量成本也水涨船高。对于负责流量或投放的人来说，已经很难低成本获取流量了。

当然，除了流量成本越来越高这一难题外，企业还面临着另一大难题，即选择投放渠道。为了保证自家商品销量的增长，企业应该如何筛选这些互联网渠道呢？以目前最火的信息流广告投放为例。

如果让你列举几个信息流平台，多数人的答案不会超过10个，集中在抖音、快手、头条、小红书等常见平台。其实，数据显示，当前规模较大的信息流平台已经有60多个，涉及社交、资讯、浏览器、视频、直播、音频等众多领域。

这种"百家争鸣"的场面，既带来了机遇，也产生了新的问题：这么多的渠道，如何判断哪些渠道适合自家商品？预算有限，如何搭配渠道，才能实现最佳引流效果？不同渠道的优势，区别在哪里？形势不断变化，应该如何调整投放策略？……

其实，在这些问题背后，是企业面对变化时的焦虑：担心自己跟不上形势变化，担心错过快速发展的新生事物。这种担忧是正常的，但面对不断变化的世界，更重要的是找到并掌握那些不变的东西，以不变应万变。

企业要想迅速占领市场，除了要有过硬的品质、贴心的服务外，还要找一个优质平台来投放广告，而且要做到精准投放，才能使广告产生最大的价值。

以58同城针对"到家精选"服务项目的广告投放为例，从中我们能窥探到企业实现广告高效转化的秘密。

1. 痛点内容的打造

没有精准的内容表现，再强的媒介渠道都无法给用户留下深刻的印象，稍有不慎还会招致用户的反感。于是在投放"到家精选"这一家政业务的过程中，58同城结合其核心品类——保洁、保姆、维修、管道疏通等分别拍摄了4条广告片，并深挖不同用户需求和痛点，实现了与不同用户群的有效沟通。

2. 以数据为导向的场景化投放

有了精准内容，该如何传播？58同城给出的答案是"以数据分析为导向，以场景化为主策略"。

（1）知道用户是谁。58同城基于平台大数据分析能力，打通了平台上的多元场景，全面布局招聘、房产、汽车、本地生活服务等领域，实现了多元场景与"到家精选"协调发展。最后提炼出了用户特征画像，更精准地聚焦人群，实现了更深入的品牌互动，也就是知道用户是谁，他们的需求是什么。

（2）知道用户在哪儿。58同城是生活服务平台，几乎覆盖了所有的生活场景。以"到家精选"业务在成都地区的投放为例，58同城选择当地收视率最高的电视频道，集中在晚间黄金时段投放，提高品牌认知度；与当地民生新闻栏目合作，为品牌专业做背书，全天广告播放高达100多次。深挖品牌目标用户人群画像，锁定智能电视和长短视频平台，投放期间收获曝光超1000万次。

（3）精准反馈与更有效的二次触达。58同城从各个维度建立起精准的反馈机制，并根据反馈进行更有效的二次投放。针对单个用户，在手机、平板、PC等多种载体上进行跨屏投放，精准识别目标用户，并根据用户的喜好与倾向，跟进用户对广告的浏览点击，进行有效触达和转化。而从广告维度来看，58同城对品类不同的广告投放的实际转化效果进行了追踪，并以此测试市场容量及机会，使营销资源得到最高效的利用。

58同城将数据引入决策核心的做法，大大提高了营销的效率，改善了营销效果。通过系统性投放，有效利用现代数字媒体的反馈机制，保证将每一分广告费精准投放到了适合的人身上。

这就是精准投放的妙处！

移动互联网时代，多数广告都是针对流量来做的，在保证流量的基础上，要尽可能做到精准投放。

广告是流量方、广告主、平台方三方博弈，为了平衡三方的利益，获得好的广告体验，就需要将最有吸引力的广告放到最有需求的人眼前。

移动互联网从来不缺资讯平台，企业完全可以利用今日头条、抖音、快手、掌阅等平台，根据用户的搜索习惯和购买记录进行分析，发现用户的兴趣爱好和需求痛点，然后进行针对性投放。

这些平台都可以通过定向推送来实现精准投放，根据用户的性别、年龄、地域、兴趣、设备等属性，找到某商品的潜在消费用户，给他们推送感兴趣的商品，提高精准度和转化率。

那么，广告的精准投放应从哪些点切入呢？

1.对用户进行属性分类

精准投放的前提是对用户做属性分类，这是最常见的一种分类方式，整合用户浏览习惯和搜索行为，对其进行判断。例如，某位女士在一段时间内搜索过母婴用品，数字广告营销平台的后台就会默认其在一段时间内对母婴用品是有需求的，这个用户的属性可能就是"母婴""宝妈""孕妇"等。

2. 根据消费人群的特点投放

虽然现在的资讯越来越便捷，但有些商品有着明确的用户人群区分，比如性别、年龄阶段等。举个例子，卫生巾、内衣、奶粉和尿不湿等商品，是有确定用户群体的。所以，可以进一步细分市场和人群，根据商品的具体人群进行精准投放。

3. 根据不同地域进行投放

虽然一年四季有着明显的气温差别，但广东的冬天不太冷，不用穿羽绒服或厚重的棉衣；因此，企业可以根据地域的情况，有针对性地进行营销推广。

4. 在不同时段进行投放

根据受众用户的活动时间进行分时间段投放，可以提高广告曝光度，减少广告投放的费用，同时还能让广告效果更佳，一举多得。

打造品牌的影响力

品牌影响力是用户选择商品和服务的重要参考，其影响力大小在很大程度上决定了品牌的发展。不同发展阶段的品牌，针对品牌影响力设定的营销目标也应有所不同。例如，成熟期品牌的重点是维持其影响力，而成长期品牌的优先目标则是提升品牌影响力。

众多企业成功的经验告诉我们：企业要想发展，就要重视品牌影响力的打造。

九田家黑牛烤肉是烤肉品类中的成长期品牌。为了在广大新用户中树立品牌形象，九田家频繁地参与了美团平台的节日促销活动：七夕、中秋国庆、大牌内购、双十一、哆啦A梦50周年、元旦……活动期间，上线了很多优质又优惠的套餐，成功锁定了平台上的食客。

与之对应的是，九田家门店的客流量都会在每次活动期间迎来一个小高峰，同时在商圈流量中的占比也逐步提升，极大地提高了九田家的品牌知名度。

同时，随着品牌在平台上搜索量的跨越式上升，用户对该品牌产生了强烈的兴趣，九田家品牌在用户的印象中逐渐形成了辨识度。

由此可见，品牌影响力和其营销活动有着直接关系。持续参加平台的节日营销活动，让九田家的品牌影响力在短短半年内得到了显著的提升。那么，究竟什么是品牌影响力呢？

所谓品牌影响力，是指品牌开拓市场、占领市场并获得利润的能力。创新力是品牌影响力的源泉，商品和服务质量是品牌影响力的基础。当前，用户正在形成自己的品牌消费习惯，企业的营销推广也更注重向用户倾斜。实施品牌战略，打造品牌影响力，也就成了企业营销的关键。因为形成了足够影响力的品牌，才能有足够的市场核心竞争力，才会有强大的变现能力。

品牌影响力的建构方式

1. 讲好品牌故事

在企业发展过程中，将优秀的企业文化总结、提炼出来，形成一种清晰、容易记忆并令人感同身受的传播出去，就是讲好品牌故事。用户不喜欢购买"冰冷"的商品，他们更希望得到商品以外的情感体验。所以，传播形式是品牌与用户之间情感传递的桥梁，有助于引起用户对品牌的好奇心和认同感。

一个成功的品牌形象是由无数个感人至深的故事构成的，没有故事就没有品牌，更无从谈起影响力。因此，要想提高品牌形象，就要真正领悟品牌故事传播的真谛，成功地将品牌营销和品牌故事结合起来传递给用户。

2. 邀请品牌代言人

品牌代言人，是指品牌在一定时期内，以契约的形式指定一个或几个能够代表品牌形象的具有影响力的人物。现代社会，人是品牌最好的载体，特别是那些耀眼的名人。

名人代言不仅影响力大，且传播速度快，很多传播机会都来自名人效应，让名人为企业代言，同样可以建立有价值的品牌影响力。

1970年威尔士亲王出席了东京国际展览会，索尼公司在英国大使馆威尔士亲王的下榻处安装了索尼电视。这样，索尼便与威尔士亲王建立了某种关系。后来，亲王在一次招待酒会的致辞中还特意向索尼表示了感谢，并邀请索尼公司去英联邦投资建厂。从那以后，威尔士与索尼的合作一直都很愉快。

3. 让品牌多一些感动

优秀品牌的传播一般都充满了美好的情感，给用户带来丰富的情感回报。例如，一句"钻石恒久远，一颗永流传"的广告语，便将一段刻骨铭心的爱情与一颗光彩夺目的钻石联系了起来，在用户心中建立了一种发自内心的品牌认同感。

石油公司雪佛龙，曾拍摄了一则旨在让用户感动的形象广告：太阳在慢慢升起，松鸡跳起了独特的求偶之舞。这是一个生命过程的开始，一旦有异类侵入它们的孵育领地，就会遭到它的攻击。这也是雪佛龙公司输油管道铺设突然停止的原因，只有等到小松鸡孵化出来，工作人员才回到管道旁，继续工作……雪佛龙广告为用户创造的这种品牌感动，加深了用户对该品牌树立环保形象的认知，以至更加认同乃至忠诚于雪佛龙品牌。

增强品牌影响力的方法

今天，品牌要想取得成功，品牌营销就不能仅关注商品特性，还要关注顾客的体验。品牌的建设也不能只由公司领导或营销部门"闭门造车"，必须让用户也参与进来，让员工参与进来，让他们体验。那么，企业该如何塑造品牌影响力？可以按照以下步骤进行。

1. 确定属性

找到你的品牌积极的属性，例如，"慈善事业""改变世界"或"带来快乐"等，不要完全从竞争角度出发。如果想在竞争中获胜，打造令人印象深刻的品牌，就不要将你的品牌营销建立在你击败对手的欲望之上。

2. 找准定位

为商品找到定位并传播出去并不难，但是很多企业担心自己被困于某一细分市场，于是尝试多种商品定位。这样做是不对的，企业可以先选择一种定位，投放市场后看看它是否有效，如果不行，再选择另一种，不能同时尝试多种商品定位，这样只会让品牌营销显得不专业。

3. 通俗表达

如果多数人都无法理解你的品牌，那么你的品牌不会持续很久。因此，品牌表达一定要通俗易通，让用户一看就明白。

4. 找到特色

很多企业这样描述商品："我们的商品具有诸多功能，价格便宜，使用方便。"听起来好像其他企业的商品都没有这些特性。这时候，最好看看竞争对手，是否用了与你相反的词语来形容自己的商品。如果没有，你的描述毫无竞争力。

5. 传递信息

很多企业以为只要发布了新闻或投放了广告，整个世界就会接收到这些信息，实则不然，有时连企业内部员工都无法完全理解这些内容。因此要确保传递的持续，关注传递的实际效果，让受众真正理解品牌的定位。

6. 注重口碑

为了打造品牌，很多企业会花费数百万元投放广告。但一定要记住品牌是建立在用户对你的评价上，而不是基于自夸式的描述，如果你的商品完美，人们愿意为你传播，这就是最好的"公关"。

如今，随着消费的升级，我们已经从商品时代迈向了品牌时代，用户购买商品除了看中该商品的功能属性，还受到品牌形象的影响。也就是说，品牌影响力并不只是由商品质量决定，如何将品牌的影响力深植人心，让品牌影响力转化成营收，这是每个创业者都需要重视的问题！

满足用户的多重需求

消费渴望，是指用户最想要的东西，也是他们想要通过付出金钱、消耗时间达到的目标。用户的内心需求大致分为三种，即表层需求、情感需求和自我实现的需求。

如果想挖掘和满足用户表层的需求，只要运用能打动人的文案突出商品的实用功能即可。例如，对于口渴的人来说，只要一瓶矿泉水就够了，于是，枫林山泉的广告语就是："喝一口，爽一下"。

如果想满足用户的情感需求，就得先挖掘他们精神层面的痛点，然后借助商品和服务的某方面特质来满足他们的精神诉求。例如，同样是矿泉水，有的用户更看重的是健康层面，广告语就可以写成："饮领时尚，××，每天喝一点，健康多一点"。

如果要挖掘和满足用户自我实现的需求，就要跟他们自我实现的需求相契合。

下面是安踏的广告语：

我很平凡，没有过人的天分，没有命运的恩宠
现实总把我和理想隔开
世界不公平？

但我知道，有一个内在的我

不甘平庸，渴望自由，无所不能

我坚信，只要执着和努力

总有一天

一个真正辉煌的我

会离我越来越近

让伤痕成为我的勋章

让世界的不公平

在我面前低头

keep moving

永不止步

每个有梦想和追求的人都渴望提高自身的价值，安踏就利用这一段励志的话，挖掘出了用户内心深层的需求，唤起了他们内心的一种热情，让他们对品牌和商品留下了深刻的印象。他们只要有这方面的购买需求，首先就会想到该品牌。

著名社会心理学家马斯洛按等级顺序，把人类需求共分为5个层次：生理需求、安全需求、社交需求、尊重需求和自我实现需求。企业如果以马斯洛的需求理论为基础，深刻挖掘用户的内在需求点，再巧妙地运用到文案策划上，往往能成功刺激用户消费。

1. 生理需求

这是人类最基本的生存需求，例如，吃饱穿暖、有住所、能找到伴侣等。如果连生理需求都无法得到满足，人类的生存和发展就会受到严重的威胁。所以，生存需求是根植于人们内心的基本需求。

2. 安全需求

这是人们的一种根本需求，包括对生命安全、生活保障和财产安全的需求等。

3. 社交需求

社交需求主要体现在两个方面：一是对关系和情感的追求；二是对归属感的追求，即个人希望融入群体的需求。社交需求更加深刻和细腻，如果生活经历、教育背景、价值观和宗教信仰等都不相同，社交需求也不一样。面对不同的用户群体时，要采取不同的沟通方式。

4. 尊重需求

人们都渴望得到尊重和认可，也无法抗拒别人的尊重、赞美、信任和认同。只要企业能够用自己的商品和服务，让用户获得更多的自信和优越感，就能赢得他们的心。

5. 自我实现需求

这是人类最高层次的需求。人类对自我实现的追求是无止境的，满足这一需求所获得的快乐和幸福也是最多的。满足用户的自我实现需求，同样能提高商品的影响力。

企业要想在市场竞争中取胜，取得较好的营销业绩，就要遵循需求规律，把握不同时代、不同层次用户的消费心理，有针对性地开展营销活动。

如果企业想要满足用户的自我实现需求，就不能只销售商品，还要做好宣传，更要与用户进行深度交流，揭示出商品对其需求提供的解决方案。在所有的体验方式中，处于最顶层的是关联体验，它能使用户真正满足自我实现的需求，找到自己存在的意义。

1984年，美国一位名叫霍华德·舒尔茨的塑料制品销售商，到意大利的米兰旅游，看到了意大利蓬勃发展的咖啡行业，对咖啡文化产生了浓厚的兴趣。

米兰并不大，却拥有约1500家咖啡吧。最使舒尔茨感到惊奇的是咖啡吧里的服务员熟练的技巧，他们能迅速调制一小杯清凉的冰咖啡或者还在冒着泡沫的热咖啡。而且，咖啡吧的服务人员举止非常优雅，他们可以在同顾客快乐的交谈过程中，同时完成研磨咖啡豆、泡制咖啡、煮牛奶等工作。

霍华德·舒尔茨觉得,这是一项伟大的艺术表现。

当时美国的咖啡市场多数被宝洁、通用食品和雀巢等巨头公司控制。普通的咖啡豆都是从哥伦比亚和巴西的种植者手中购买的,在烘焙、冷冻和干燥过程中,使用的设备也没什么差别,然后他们会将咖啡密封进相同的容器里,最后以差不多的价格出售。为了争夺更多的市场份额,几家公司展开了残酷的竞争,使咖啡的市场利润空间越来越小。

回国后,舒尔茨申请了星巴克咖啡商标,梦想在美国建立一家能够再现米兰咖啡文化的咖啡连锁店。为了让星巴克从一开始就给人一种真实可靠的感觉,舒尔茨特别培训了咖啡吧的服务人员,使他们制作咖啡的过程更具表演性和观赏性,并逐渐成为咖啡方面的专家。

此外,舒尔茨还为各种饮品起了富有异国情调、听起来有意大利风格的名字。例如:双份咖啡加一杯牛奶叫作双倍玛奇朵(doppio macchiato)。

经过自己的努力,舒尔茨终于实现了自己的梦想,把星巴克做成了世界知名的咖啡品牌。

虽然星巴克售卖的还是批量生产和批量销售的商品,但它富有艺术色彩地再现了意大利的咖啡文化。星巴克为人们营造了一种轻松的气氛,自然就能给人们留下安全、舒心的印象。在这里,人们可以放松自我,可以会见朋友,可以进行愉快的谈话,还可以独自一人品尝美味的咖啡、阅读每天的新闻。其成功再一次告诉我们:满足用户的多层次需求是企业品牌营销制胜的法宝。

要想在激烈的市场竞争中独树一帜,企业就要想办法满足用户的多重需求,创造和把握市场机会。随着人们物质生活水平的提高,用户的需求已经由低层次满足温饱的需求,转向了高层次自我实现的需求。企业要调整自己的经营方式,迎合用户心理,满足用户自我实现的需求,才能赢得更大的市场份额。

第 2 章
定位：做好营销的关键

占领用户的心智——品牌符号

品牌符号是用名称、标志、基本色、口号、象征物、代言人、包装等这些识别元素对消费者施加影响，它是形成品牌概念的基础，成功的品牌符号是企业重要的资产。

品牌符号化，是最简单直接的传播方式，不仅能帮助用户简化他们对商品的判断，还可以为企业节省更多的营销成本；一个有效的品牌符号，不仅给用户留下深刻的印象，还影响着用户在社交过程中对自我形象的定位以及社会对用户的评价。从这个意义上来说，品牌符号承担着重要的传播学属性和社会学属性。

成功的品牌符号能让用户在众多商品中一眼发现并记住这一品牌，继而形成对品牌的忠实情感，甚至达成和品牌价值观的统一，还可借此寻找相同的群体。

在品牌符号化方面，中国企业做得比较好的当数老干妈。

老干妈是国内生产及销售量最大的辣椒制品生产企业，拥有20多个系列商品。其之所以能取得不错的成绩，原因之一就是品牌符号的力量，在最短的时间里占领了用户心智。老干妈瞄准中低端用户，用低价且优质的商品，为用户提供了性价比较高的商品，轻松获得了用户的认同，构建起了自己的优势壁垒，成为市场的领头羊。

多年以来，老干妈坚持使用相同的瓶贴，在包装上基本没做什么变化，打造了一个最显著、最深入人心的品牌形象，甚至成为辣酱类商品的代表符号。

在国内市场大获成功之后，老干妈进军国外市场。到目前为止，已经成功销往全球30多个国家和地区，不仅成为很多留学生的日常生活必备品，也受到了诸多国外用户的喜爱。走出国门后的老干妈，进一步提高了自身的品牌影响力，让老干妈的品牌形象更加深入人心。

老干妈的成功，与其品牌符号化的策略有着千丝万缕的关系。当老干妈将自己的品牌符号烙印在用户心中时，影响力自然也就提高了。品牌符号化对于企业的意义由此可见一斑。

用户通过简单的符号对品牌形成记忆，就能对品牌产生更加深刻而直观的印象，继而增强他们对商品的认可度，提升他们对企业的忠诚度。而从企业角度来说，有了用户的认可，才能更轻松地打开市场。

在品牌传播效应中，品牌符号是一种重要的工具，是一种由商品属性、企业价值观、用户体验夹杂而成的象征体系。这里的象征体系并不是单纯的商品外现，而是品牌附着的所有意义的集合，依赖有效联想形成，它是一种社会的产物。

那么，究竟什么是品牌符号化？狭义上来说，指的是品牌的logo；广义上包括品牌价值观的浓缩，指的是用户对某一特定品牌的印象。简而言之就是，当用户想起一个品牌，脑海里浮现出的对该品牌的简单印象和优劣判断，就是该品牌符号化的表现。

卡西尔说："人是符号的动物。"通过特定的符号，才能更好地认识这个世界，并创造自己的文化。实践证明，奢侈品牌通常都有一个独属于自己的符号，象征着不同的身份标签和文化品位。很多用户之所以喜欢购买奢侈品牌，最大动因就是获得身份认同。比如，耐克的品牌符号形状是一个简单的小钩,像一个对号,象征着希腊胜利女神的翅膀,既充满了速度和爆发力,又动感十足、轻柔飘逸。隐藏在耐克logo背后的"速度""激情""年轻"等象征意义,就是该品牌符号的附着内容。

用户通过简单的符号进行辅助记忆,就能对品牌产生更加深刻而直观的印象,比单记忆品牌的名字要容易得多。

通过将品牌符号化来占领用户的心智,让用户牢牢记住自己的品牌,确实具有很好的效果。如今,很多企业都在打造自己的品牌符号。那么,究竟如何才能做到品牌符号化呢?

1. 颜色

品牌识别最简单的方式,就是用颜色来区分。比如,洋河蓝、红牛红等。

洋河蓝色经典通过色彩的使用,从白酒以红色黄色为主要宣传和包装色的传统中跳脱出来,成就了富有传奇色彩的蓝色经典;红牛从一开始就赞助各种极限运动,又找来一大批体育明星为其代言,而多数明星都身穿红色衣服;7天连锁酒店将整栋楼涂刷成代表品牌的黄色,标志采用蓝色的数字7,对比鲜明大胆醒目。

2. 形状

依靠造型,也能放大记忆特点。比如茅台瓶、洋河水滴瓶、可口可乐瓶、大宝面霜瓶、香奈儿五号香水瓶等。商品造型是最好的标志性创意,越能直观看见,认知成本越低,越容易被记住,消费时也容易被发现。

3. 音乐

典型代表有:奔驰品牌音乐、雪铁龙品牌音乐、快乐大本营《啦啦歌》等。在快销品市场,也出现了一个将音乐和品牌的对接处理得极好的一个案例,即美好时光海苔。

2006年,一首既童真又有民族特色的歌曲《吉祥三宝》随着央视春晚的直播火遍大江南北。电视画面上只要小女孩的声音一出现,立刻就引起了人们的注意,最后引出一句:"海苔,我要美好时光!"让该品牌的商品传播得更快。虽然是童语，但朗朗上口的旋律、轻松简单的广告语换来了大部分听众的好感。

4. 数字

比如，750、550、350，是宝马汽车的等级分级。成功的商务人士，可以买750；在成功路上继往开行，可以买550；年轻人，有活力，对生活有追求，可以买350。宝马花费大量的时间和广告资源，将自己的商品等级与用户受众的消费能力进行对应，每个等级宝马车的广告片的风格区分也非常明显。比如，350的广告风格偏向激情，强调个性；750的广告风格就偏于稳重，有商务气息。

5. 纹理

用人们习以为常的纹理元素嫁接到自己品牌上往往能收获奇效。厨邦酱油正是利用了这一点，找到了进入用户和群众记忆最简单的方式，达到了事半功倍的效果。

厨邦将餐桌布绿格子的符号原力注入品牌，让品牌快速被用户认知，有利于厨邦酱油在终端货架上脱颖而出。

绿格子是从餐桌场景提取出来的符号，是全世界每个人都熟悉的餐厅的符号和吃饭的符号，它与人们的饮食生活息息相关，把人们对于绿格子的公众认知，嫁接给厨邦酱油，运用了用户的集体潜意识。

让人看了就有食欲，是食品包装设计的目标，而绿格子包装，让人即刻联想到他们的用餐经历，而这种经历多是美好的。用人们最习以为常的纹理，用最直接的方式，唤起用户的熟悉感，做一次最自然的嫁接，大大节约了品牌传播成本，提高了传播效率。

综上所述，品牌符号化能加速品牌传播，让品牌商品更快走进人们的生活，打动用户的内心。

找准自己的赛道——品类规划

在创业初期，如何才能准确找到商品方向，迅速占领市场，来个开门红？答案就是：找准自己的赛道（品类）。

如今的市场已接近饱和，想让自己的商品脱颖而出异常困难，尤其是后来者更是如此。其实，换个角度想想，与其跟在他人后面亦步亦趋，倒不如开辟一个独特的、属于自己的细分赛道（品类）。

在这方面，做得比较好的，当数香飘飘奶茶。

> 在香飘飘出现之前，奶茶已经是一种遍布大街小巷的饮品，奶茶市场俨然是一片红海。香飘飘却在这片红海中杀出了一条血路，即改变包装形式，做了杯装奶茶，将奶茶定义为一种速食商品，找对了自己的赛道。

战略的本质是取舍。企业由于受诸多因素影响，往往做出的多数决策都是无用的，这只能浪费掉企业大量的机会成本、时间成本与金钱成本。要想提高创业的成功率，就要明确自己究竟要做什么业务、不做什么业务，先做什么商品、后做什么商品，砍掉无关的项目，抛弃无用的计划，不断强化品牌在竞争中的优势地位，快速成为细分领域的领头羊。

市场是最诚实的，很多品牌"跑马圈地"扩张的时代正在慢慢结束，要想取得创业的成功，就要从细分品类切入市场，注重差异化，抓住能够创造新品类的机会。

如今的市场环境，商品、渠道和信息等都出现过剩，过去的那种简单的、不明确的差异，已经无法影响用户的心智，主导权正在从企业转移到用户手里。传统意义上的信息屏障也已经不复存在，用户需求由千人一面到千人千面，再到一人千面，个性成为人们推崇的事情。比如：颜值、性价比、高品质、社交属性等，品类细分化已经成为必然趋势。

品类决定着品牌的差异化，塑造品牌就是在打造企业外在的形象气质，而品类划分更需要从用户的认知出发，可以做到帮助用户降低决策成本，在无数竞争对手中选择你。

使差异显著的是品类，而不是品牌。品类和创业关系如何？看看下面的例子：

老干妈的风味豆豉，一个单品，就能卖出40多个亿，并成功走向全世界；

拉面说生产的高品质、高颜值商品，只上市一年，月销就达百万，引领"泡面革命"；

……

目前，市场上的新挑战者，采用的策略都是集中火力，聚焦某个品类大单品，通过差异化、新商品、新渠道，突出自己的特色：

你是麦片，我就是有冻干水果的麦片，于是就有了"王饱饱麦片"。
你是干燕窝，我是鲜炖燕窝，于是就有了"小仙炖"。
你是卤凤爪，我是先炸后卤的虎皮凤爪，于是就有了"王小卤"。

通过这些新生品牌的崛起案例，可以看到现在的创业者和资本都偏好于从细分品类切入市场，用足够的差异化来打造出一个爆品，以形成独立新品类。

如果你的资源、能力不足以支撑起一个大市场，规划好自己的赛道就是最好的选择。同时，任何企业都无法满足用户的所有需求，差异化、多样化、个性化是当下与未来的消费趋势，企业只有为用户创造差异化的价值，才能让用户选择你，而不选择其他品牌。

任何一个品类的市场，其规模都可能比你想象得要大，任何一个品类都值得我们好好去做。从一个细分品类快速起势，快速占领用户心智，持续推出新品，创造从商品到用户的闭环，都蕴藏着无限的生意。

那么，初创品牌如何找准好的品类呢？核心要点有如下几个：

1. 品类分化

所谓品类分化，就是在现有市场上开创新品类，对现有品类的市场份额进行区分。包括分化价值、分化人群、分化场景、分化使用方式等。真正有效的细分要通过场景和用途，对用户在不同场景下使用商品要达成的目的进行研究。即需求在先、商品在后。尤其是针对小众的需求，可以多加衡量，如今的小众并不意味着未来也是小众，这样就对创业者的认知和眼光提出了很大的考验，需要提高自身的调研能力和判断能力。

2. 关注"新"潮流

当今社会出现了众多新媒介、新渠道和新文化，很多传统品牌都还没有完成转型。那么，创业商品完全可以以此为切入点。比如江小白，开始的时候很多酒厂都认为它不会成功，觉得高粱酒是一个相对小的品类。江小白却抓住了朋友圈、社交媒体、年轻人"约酒文化"等，凭借深入人心的宣传文案一炮而红，成为"年轻人的二锅头"。

3. 独树一帜

学会扬长避短，避开老品类用时间积累起来的优势，就能成功获得抢占用户心智的机会。开创全新品类，发现全新需求。

比如，特斯拉就选择了一个独特的赛道，从高端电动车进入市场，迅速在业界范围内掀起一场汽车革命，毫不客气地从巨头把持的汽车行业中，开辟出了一个高端细分市场，杀出了一条血路，解决了电动汽车续航里程短的问题，即使用户远途旅行也可以放心前往。而它的定价又低于普通燃油豪车的普遍价格，保持了竞争力。等到巨头回过味来时，它已经获得了生存的能力，已经在市场上占有属于自己的市场份额了。

熟悉目标用户群的喜好——赚谁的钱

企业往往会不停地跟踪竞品，看对方增加了什么功能，然后就立刻动手抄过来，不管该功能有没有用，是否适合自己。长此以往，在行业中形成一个恶性循环，严重阻碍创新。

其实，每个商品都应有自己的定位，这需要根据用户的喜好来确定。不同商品会产生不同的数据分析，再将这些数据分析用到自己的商品改良中，思考一下：目标用户究竟喜欢什么？

在小熊电器的商品线上，完全可以看出品牌对用户喜好的极致洞察。比如，一款迷你蒸锅一经推出迅速获得年轻人的喜爱，该商品很好地满足了年轻人的细分需求。如今的年轻人，工作压力越大，在日常生活中就越"懒"，简单、便捷自然也就成了他们对小家电的第一诉求。

小熊电器洞察用户需求后，商品研发时没有停留在某个功能的改变，而是更多地对年轻人群的新生活方式进行了挖掘。

举个例子，如今很多年轻上班族都要自带午餐，但微波炉加热容易造成食物水分和口感的流失，小熊电器就研发了电热饭盒，不仅能蒸饭蒸菜，还能煮汤。

小熊双灶电热锅，体积小、功能多，实现了一锅双灶，不仅迎合了顾客需求，还为顾客开启了美味时刻！独特的双灶台设计，集煎、炒、煮、涮四种烹饪方式于一身，提高了效率，节省了空间和过程，一个人上手也不会手忙脚乱。

小熊双灶电热锅从设计、功能等多方面满足了年轻人的生活需求，凭借精致设计与贴心功能成为风靡一时的小家电品类。

商家在打造小家电商品时，研发的商品功能单一，只能解决一部分问题。年轻人往往需要购买不同类型的商品，才能满足多元化的使用需求。这种矛盾会导致商品堆积，使面积不大的厨房显得杂乱拥挤。小熊电器研发的多功能小家电商品，赋能厨房生活美学，很好地解决了这一问题。

精准定向目标用户，直接触达目标用户圈层，通过对用户喜好、习惯的挖掘，就能将"人找货"的传统模式转变成"用户需要什么"的货找人模式，在人和商品之间建立起更好的连接，从而在最短的时间将品牌推向目标用户群，让新品出道即一炮而红。

随着生活节奏的加快，年轻人承受的压力逐渐增大，繁重的工作内容使得年轻人群不得不面对加班压力。生活作息不规律，处于亚健康状态的年轻人越来越多。于是，红牛功能饮料应运而生。宣传商品含有多种维生素营养成分，是年轻人的能量补给品，红牛很快就占据了功能饮料市场。

红牛功能饮料中含有牛磺酸，可以降低胆固醇，预防一些动脉疾病；同时，牛磺酸还是人体必要的氨基酸之一，可以增强血液的运输动力，满足身体需要的能量。

红牛最大的特点之一是抗疲劳，这也是红牛受年轻人欢迎的重要原因。年轻群体一般都比较在意运动健身，在适量的运动后，饮用红牛功能饮料，有助于缓解疲劳，提供人体必需的营养。除此之外，红牛还通过赞助成为许多运动竞技比赛中的主要能量供给品，体现其不可或缺的作用。

用户推崇个性化消费模式，无论商品是流行时尚还是复古怀旧，无论是小众商品还是大众商品，只要自己喜欢，就愿意掏钱。他们买东西通常具有明确的方向，而且还是经常性、持续性的消费，非常看重品牌。

因此，在整个商品的生命周期中，企业都要遵循"以用户为中心"的理念，进行用户研究，了解他们的喜好，对用户体验进行量化，根据实际情况进行商品的可用性测试，不断提高用户体验的层次。

为了快速而深入地了解用户的喜好，创业者可以这样做：

1. 积极进行用户沟通

从沟通渠道来讲，可以跟用户进行线上、线下沟通；从沟通专业度来讲，可以对用户进行深度访谈，也可以日常聊天；从沟通规模来讲，可以一对一与用户交谈，也可以一对多的交谈。不同的沟通方式，获取的沟通信息也大不一样，通过多方式、高频率地与用户沟通，就能了解用户的真实需求。

2. 认真做好数据分析

借助互联网，建立用户数据库，对用户进行分析，就能了解到哪些商品处于最热销状态、购买人群主要集中在哪些领域；这些人为什么会喜欢这类商品，他们有着怎样的共同需求；他们的讨论重点是什么，对价格感兴趣，还是更注重品质。常规的数据分析主要包括两种：一是对商品数据进行分析，了解用户的喜好与属性；二是进行问卷调研，对用户数据进行量化分析，了解用户特点。

3. 做好用户画像的调研

用户画像的调研比较复杂，涉及基础数据采集、分析建模等过程，为了提高了解用户的速度，可以找到相关数据分析渠道，获取商品的用户画像资料，也要注重对这些资料的进一步分析，使之为自己所用。

4. 解读行业报告

解读行业报告是了解用户特点的一个巧妙方法。能打造全局视野，快速了解整个行业内用户的一般特征，也能快速判断这个行业的态势。

5. 正确模仿用户

要想了解用户，最好的办法就是自己模仿用户，将自己放在普通用户的场景下，体验商品的各项功能，模仿用户的反应和心里感受，了解用户的真实需求。

总之，商品最终都要服务于用户，用户对于商品的看法和喜好非常重要。因此，设计商品时，要时刻关注用户的喜好，强化商品与用户之间的共鸣，从而成功占领用户心智。

打磨能解决用户痛点的商品——商品定位

说到用户痛点和商品定位的关系，总体来说就是用户痛点可以决定商品定位；商品定位，要从用户痛点出发。企业做商品定位之前，就要找到用户的痛点，然后以此为依据，再去定位自己的商品和服务。

随着消费的不断升级和需求差异性的显现，中国男士皮鞋行业正在谋求转型。奥康发现，男士皮鞋有"痛点未解决"及"价格不匹配"两大普遍问题，便实施了"更舒适"战略，实现了品牌的焕新与破局。

考虑到男鞋长时间穿着太累，为了让男士的脚部放松下来，奥康在商品中注入了舒适基因。为实现更舒适，奥康首创了运动皮鞋，采用真皮面，皮质光滑柔软，兼具弹性与延展力，适合不同脚型。在运动底的选择上，则用两层铺垫，采用德国巴斯夫发泡材料制成的高密度橡胶发泡大底，为足底提供强大支撑；中底则采用合金龙骨，缓震十足，有型耐穿，穿起来更舒适。

痛点，是用户在日常生活或某种行动中遇到的问题、纠结和抱怨，不解决这件事情，人们会感到浑身不自在。企业将注意力集中在用户痛点的解决上，将他们从"痛"的境地解救出来，就能获得市场。主要的方法是调整商品或服务的功能，使其更具针对性，满足用户的期望。

想象这样一幅场景：

2010年以前，你渴了，只要打开水龙头，就能喝到自来水。

2012年，很多人觉得自来水不卫生，想要喝到干净卫生的水。有些企业根据人们的这一痛点，发明了一种净水设备，安装在各小区中。看到净水设备能够净化出更卫生的水，你就不喝自来水了，而是花钱买净化过的水。

2014年，喝了两年从净水器中出来的水后，人们开始的新奇感和满足感已经不在，反而遇到了新问题，即只有到安装着净水设备的地方去打水，才能喝到。有人离得远，有人住的楼层高，有些家里只有老人……对于这类人来说，喝净化过的水似乎成了一种累人的事情。听到人们的这种呼声后，某企业便设计生产了可以安装在家里的净水器。用户购买一台安装在家里后，只要打开水龙头，就能直接喝到净化好的水，不仅卫生，而且更方便。

2016年，体验了两年家用净水器的便利后，人们又发现了新的问题，要想喝热水还不是很方便。人们幻想着，如果一按开关就能出热水就好了。有些企业洞察到用户的这种需求后，便推出了净化加热一体的家用净水机，节省了烧水这个环节。安装好后，只要一按开关，随时都能得到自己想要的热水。

……

创业初期，最先考虑的问题是商品定位，而定位需要以用户痛点为基础。能否想清楚这个问题，是区分创业者水平的重要依据。因此，在确定商品定位之前，首先要思考的是：在你涉足的领域，用户有哪些迫切、必须解决的需求；哪些痛点让用户感到苦不堪言……明确了这些问题，就能以此为依据确定商品类型，生产出真正适合用户的商品或服务。

那么，怎样才能击中用户的痛点呢？这里跟大家分享5个关键词：

1.实惠

实惠，就是具有高性价比。普通用户一般都喜欢性价比高的商品，因此进行商品定位，就要关注这一点。比如拼多多，就是抓住了用户追求高性价比的心理痛点，即"花小钱，也能办事"。

2. 便捷

所谓便捷，就是方便和快捷。比如，小米通过微创新，生产了小米盒子和小米插板，体验度都非常好。为了满足不同的电器和设备同时接入的用户痛点，小米独创了自己的插板。在整体布局上，它不仅有三组国际标准的插孔，还有三个 USB 接口，很好地满足了人们的日常需要。小米插板时尚而精美，赢得了不错的口碑。

3. 喜欢

情感的满足，也可以作为商品定位的着眼点。比如，江小白瞄准"80后""90后"消费群体，针对年轻、有文艺心、追求简单的生活、时尚休闲的人群，对商品进行定位，以青春的名义创新。这时候，他们的酒不是用来喝的，而是为了表达对生活的态度。江小白不再强调酒的品质和味道，而是上升到情感层面，引起用户的共鸣。可见，定位到用户的"喜欢"上，也能吸引用户。

4. 身份

有些用户比较爱面子，喜欢荣誉感，企业就可以以此为定位，来创新商品；有些用户之所以喜欢购买奢侈品，主要看中的就是"身份"而不是功能。在他们眼中，奢侈品代表一种尊贵、一种象征，彰显自己的身份。由此，找准用户对"身份"的需求和痛点，自然也就成了商品定位的重要参考因素。

5. 占有

有些用户喜欢占有，企业完全可以以此为出发点，进行商品定位。很多高端商品都是通过这种方式来做的。比如，珠宝、邮票、汽车等，之所以会限量发行，就是击中了人们的占有欲，即越稀缺，越想占有。

这就是用户的痛点的 5 个关键词。仔细观察就会发现，这 5 个词是呈阶梯状上升的，要想打造好的商品和服务，就要自下而上循序渐进的去满足用户需求，解决他们的痛点。当然，如果你还没有正确定位自己的商品，也可以先把自己当成用户，看看自己在使用商品的过程中有什么问题，自己的需求有没有得到满足。因为，找准用户痛点，正确定位商品，才有机会在激烈的市场竞争中占据一席之地，否则只能被市场淘汰。

商品的灵魂——定价

由于市场的风险，能够辅以大力度宣传的新品并不多，多数新品都是默默无闻上市的。用户在缺乏消费体验和认识的情况下，是难以做出购买决定的。

对于没有消费体验的商品来说，价格是品质的代名词。新品上市的价格，往往不是用于实际销售的，而是用来为商品定位的，高价传递的信息本身就是一种高端定位。虽然高价不一定能直接让用户产生高品质的感觉，但低价却容易让用户形成低品质的印象。在市场上，通常低价只能扮演"搅局"的角色。

曾经有一个大厂的业务员问老板："市场上有一个小厂，生产的商品价格很低，很难对付，我们该怎么办？"

老板反问道："既然这家工厂这么厉害，为什么一直是家小厂，而我们却是大厂呢？"

在对抗性竞争中，高价商品经常被低价商品搅得心烦意乱，但低价商品最终总是难敌高价商品，甚至一败涂地。经验告诉我们，市场上价格最低的商品，通常也是销量最差的商品。除非有绝对的成本优势和商品结构优势。

低价往往不是常规竞争手段，而是战略竞争手段。在常规的价格竞争中，低价总是被有经验的营销者视为"救命稻草"，但也会成为压垮骆驼的最后一根稻草。

营销大师科特勒说："你不是通过价格出售商品，而是出售价格。"价格高低不是一个纯粹的定价问题，而是营销的核心问题。

价格以及为了支撑价格所开展的营销活动，构成了营销体系，是低价还是高价，其实就是推销与营销的区别。低价决定着营销的核心要素只能是价格，因为低价无法支撑众多营销活动，而高价则决定了营销活动是可以丰富多样的。高价打败低价是市场常态，低价打败高价是个例。营销是把商品卖出去，学会卖价格才能真正领悟营销的真谛。

正确的价格思维是：新品上市时要将价格定得稍微高一点，把利润空间预留出来，用来开展营销活动。所谓的营销就是销售价格，基本上就是这个意思。

当然，也不是价格越高越好，要实现价格与营销费用的平衡。因为价格越高，越要投入更大的力度来保障用户对价格的认同。

传统定价方法

1. 以成本为第一参照物

成本是固定的，加上预想的毛利，就能得出价格。如果成本具有优势，价格就会比竞品低；如果具有价格上的竞争优势，毛利往往也不会高。如果价格比竞品高，就要说出高的理由。如果成本没有优势，价格比竞品低，毛利率就会更低，甚至招致亏损。

2. 以利润为第二参照物

锁定一个毛利率，企业就能根据预测销量计算盈亏平衡点。成本低，价格就低；成本高，价格就高。这其实也是把成本转嫁给了用户。

企业商品价格决策的程序

1. 确定商品或服务的目标市场

企业要实现较高的经营效益，首先就要搞清楚自己的商品或服务是卖给哪些用户的。这也是企业在制定商品或服务价格时必须要重点考虑的。同样是生产羽绒服，卖给学生的羽绒服和卖给成功人士的羽绒服，除了用料、生产和工艺等方面有区别外，更要在价格上体现出来。因为，不同的目标用户，对同种商品的诉求是有差异的。而要想满足这样的需求差异，定的价格就不能相同。另外，不同目标用户的购买力水平也存在差异，企业在制定商品价格时，也要遵循"价格—功能"对比的准则。

除了购买力水平外，不同的目标用户之间的消费习惯、社会流行情况等也会影响用户对商品的接受程度。

2. 预测目标市场对商品的需求量

预测目标市场对商品的需求量，不仅决定着企业有无必要为该市场而生产，还决定着具体要生产多少。不同的价格会导致不同的需求量，进而影响企业的销售目标。这种价格与需求量之间的关系，就是需求的价格函数。

所谓需求量，就是在一定时期内，商品不同价格下的不同市场需求量。一般情况下，价格越低，需求量越大，价格越高，需求量越小，但对于某些商品来说，也不一定，如食盐等。而有些商品却是价格越高，需求量就越大，如某些化妆品。之所以会出现这种情况，是因为某些用户认为，价格高些，商品就更高级。

3. 成本估算

在一定程度上，成本是企业制定商品价格的底线。成本估算，是企业对商品进行价格决策的重要依据之一，也是可以直接量化的依据。除此之外，成本估算还会影响到未来降价的幅度和潜力。

4. 对竞争者可能作出的反应进行预测

企业在制定商品价格时，会引起市场上某些企业的反应。它们或是本企业商品的直接竞争者，或是间接竞争者。因此，当企业在进行价格决策时，还必须考虑到竞争者的介入，并把各种可能产生的影响作为制定价格的参数。

5. 制定在目标市场的占有率目标

在目标市场上，商品市场占有率的高低，在一定程度上制约着其价格行为。以保持既定的市场占有率为目标和以提高市场占有率为目标相比，其价格行为和价格是不同的。而且，为了实现目标，在维护或提高市场占有率目标方面，还需要企业的价格行为与非价格行为协同努力，比如采用强化商品形象差异的宣传、广告等活动，不能只采取价格竞争的方法。

6. 拟订一个可行性定价方案

企业拟订定价方案，要力求切实可行。为了达成这个目标，企业应准备几套方案备选。

可行性方案的拟订应包括两个层次的内容：一是拟订价格实施方案，比如，减少服务对象、占领市场中效率最高的部分，或者以低价渗透进入市场，或是在避免竞争的情况下实施。二是根据定价目标，选择相应的定价方法。

7. 制定商品价格

确定定价方案后，要在众多可供选择的定价方案中，选取与定价目标相应的定价方法，制定出基础价格。定价方法包括成本导向定价法、需求导向定价法和竞争导向定价法。基础价格是企业价格实施的重要依据之一，企业要以此为基础，根据市场状况，运用恰当的价格技巧，来帮助实现定价目标。

8. 价格的实施、管理与调整

在既定的定价目标基础上，运用相应的定价方法确定基础价格，是企业面对市场的标准价格，是可量化的，且相对稳定。但在实施过程中，还要结合市场情况，运用相辅相成的价格策略，提高基础价格的灵活性。比如，成本定价法确定了商品基础价格可能是一支普通自来水笔售价是2元，但在具体实施过程中，运用心理定价策略，可以将其定为2.17元或1.97元。前者，可以给用户以准确、无欺之感；后者，以极小的成本便使用户感到了商品的便宜。

由于基础价格的制定是未经市场检验的，随着价格在市场上的表现，企业需要适时地进行调整。比如随着生产经验的积累和工艺的完善，成本可能会下降，为了吸引更多的用户，或给用户留下良好的形象，就要适时调整价格；面对特殊的竞争情况，也要进行价格调整。

此外，在经销商标价时，也要重点关注这个问题。如果经销商单方面降低售价，就会影响到众多经销商的销量和利益。而经销商私自抬高零售、批发价格，更会增加商品在市场上的销售阻力。

第 3 章

品牌：从 0 到 1 打造品牌

聚焦服务对象，探索用户需求

想要打造品牌，首先就要洞察用户的深层次需求，然后在此基础上不断强化自己，打造差异化定位。

海尔商城从诞生那天起，就把与用户交互、满足用户不同阶段的不同需求作为主要追求，一路走来其与用户进行深度价值交互的平台定位逐渐成形。到现阶段，海尔商城已成为海尔持续推出家庭智能硬件设备的首发平台、海尔家电个性定制的交互平台。后期还将基于移动互联网优势，进一步发挥交互平台的价值，实现虚实网融合，最终形成用户、商品、海尔三者间的价值交互生态圈。

海尔创新模式的特征是"发现用户需求，并快速满足"。从海尔提出向互联网转型后，海尔商城在这方面始终保持进取，采取的一系列做法都值得我们研究和参考。

从商品到服务的满足。海尔商城继承了海尔"打价值战不打价格战"的一贯作风，在用户体验上大做文章，覆盖了海尔的全部商品。不仅提供品类齐全的商品，还会根据日常的销售情况和用户评价、用户需求等回流信息，有针对性地进行产量调整、改善商品性能，最终完成深层交互。此外，海尔商城还依靠海尔集团遍布全国的营销网、物流网和服务网，实现了覆盖全国的大、小件物流配送，深入全国数千个区县，实现了进乡入村、上楼入户。同时，推出的"按约送达、送装同步"服务，让用户享受到前所未有的家电网购体验，深受用户好评。

注重用户个性化需求。从2012年开始，海尔商城就开始尝试家电定制，先后推出了电视的模块化定制、空调面板和冰箱的个性化定制等；2013年，海尔商城与天猫合作尝试了多次定制活动，都取得了不错的效果。此外，海尔商城还将个性定制作为自己的核心优势来打造，在个性定制方面有着独特的优势。

创造性满足了用户的未来需求。2014年海尔商城发布了一款能实现空调、空气净化器物物联动的"空气盒子"，盒子可提供智能检测空气质量、告知天气状况等贴心服务。用户完全可以通过手机远程遥控实现互联。此外，还有引领水质智能监测时代的"水盒子"，作为全球首款智能"水管家"，其出现填补了家庭水质监测空白，为家庭健康用水保驾护航。

什么是需求？

所谓需求，就是特定人群在特定的情况下产生了特定的问题，且这种问题是可以被解决的。人的需求是不断变化的。

例如，我们的日常生活离不开水，水是古代人和现代人都需要的，这是最基本的需要。但是口渴了，古代人可以通过喝水来达到补水的目的，而现代人可以喝可乐、喝咖啡，同样也能达到为身体补水的目的。这就是需求的变化。

从表面上看，需求的来源似乎有很多。其实，总结起来只有两点：一是来自用户的痛点；二是来自用户的兴奋点。由痛点产生的需求，多数都会成为刚性需求，该痛点的强度越大，人们越想改变这个痛点，需求也就越旺盛，而由兴奋点产生的需求往往是非刚性需求，它的需求同样可以很旺盛，但在优先级排序上，会次于前者。

同样是喝水。爬山途中口渴了想喝水，是身体急需补水，这就是刚性需求。在商场看到一杯包装精良但售价很高的饮品，如果不想花钱，就无法品尝到其美味，这只会导致心理上失落一会儿，并不会对你的生命安全和身体健康造成什么影响，那么这杯饮品就是非刚性需求。

因此，只有优先挖掘用户的刚性需求，才能做好商品和运营等工作。

利用大数据挖掘潜在用户需求

大数据技术的发展，为企业的众多业务提供了帮助，为企业提高了效率和收入。除了这些以外，大数据分析还为企业发现潜在用户和管理现有用户提供了便利。那么，怎么利用大数据继续挖掘用户呢？

1. 了解用户的购物信息

要想找到潜在用户，就要利用大数据技术从订单历史、用户服务信息、业务订单管理系统来挖掘数据，对数据进行分析，得到一批最忠实用户的全方位视图，找到自己需要的参数。

2. 多方面收集用户数据

收集尽可能多的用户信息，就能最大限度地分析出用户的真实需求、迫切需求，全面了解用户群。数据中存在缺失，可能会遗漏有价值的信息，影响用户体验。

用户的偏好和需求都在不断变化，所以分析是一个持续的过程，收集足够多的数据、及时更新数据才能确保对用户的准确认识。

3. 与大数据公司合作

得到数据后进行初步分析只是一个开始。对于品牌来说，不仅需要确定用户，还需要针对企业成员扩大其购物群的忠诚度。不过，保存和使用这些数据、核对检查这些数据，需投入的成本极高。大数据企业的大数据专家，不仅可以确保企业能够访问所有理想的大数据，还可以帮助分析它，获得高价值的性能指标、企业预测和见解，从而提升品牌的价值。

精准挖掘用户需求，有些雷区不能踩！

确定了用户会在什么样的使用场景下进行活动，就要关注一下"用户可能会遇到什么样的问题"，因为这些问题会催生出各种需求。但是，并不是所有的需求都值得探讨，有时甚至会陷入误区而不自知。

1. 自己的问题＝用户的问题？

很多创业者对于商品的理解，很大程度上是取决于个人的感觉和身边人的感觉。但是，这种需求理解方式是错误的，几个人并不能代表多数人的想法，只守着自己的一亩三分地，无法取得更大的突破。

统计学中有个著名的"大数定律"，如果统计数据越来越大，事件发生的频率就会趋于一个稳定值，这个稳定值就是他的期望。所以，分析需求时，不能以偏概全，必须跳出自己的圈子，了解目标用户群，跟他们聊商品，这样得到的商品需求，才能真正满足多数用户的需求。

2. 用户需求都是真的？

用户提出的需求也不一定是真正的需求，原因在于：首先，用户并没有很强的商品意识，很多需求都是模棱两可的；其次，用户是"贪婪"的，他们的直接需求往往带有主观色彩、个人情绪和时限性，并不是理智的需求。

用户的有些需求可能是低频率的需求甚至是违背商业规则的需求，如果一味地跟着用户的需求走，对于根基不稳的创业者来说，这无异于自掘坟墓。

3. 需要一定等于需求？

多数情况下，用户可能并不知道自己真正想要的是什么，描述需要的时候只能用"现有"的需求去描述"看不见"的需求。多数用户只会进行现象和问题的陈述，不会同步背后的需求动机，导致企业只关注用户的显性需要，而忽略了用户深层次的动机需求。

福特汽车创始人亨利·福特有句名言："如果听用户的，我们根本造不出汽车来，用户就是需要一匹快马。"如果当时福特了解到用户的表层需求后，想到的是通过什么样的饲料、采取什么样的训练可以让马跑得更快，后面就不会有汽车的出现了。

在这个例子里，多数用户的最根本需求，只是想更快地到达目的地而已，而具体使用什么样的工具，并不重要。这意味着我们不该仅仅单纯接受用户的各种功能需求、意见反馈，尊重用户的同时，应从企业发展的角度出发，甄别真伪需求，对需求进行抽丝剥茧的分析，剥开表面浅显的需求，通过逻辑思维分析，代入用户使用的场景，找到造成这些需求的深层次痛点。

珍贵的碎片化时间

互联网发展至今，商品推广与品牌营销已经不再是抢占用户，而是通过短平快的内容快速吸引用户的注意，抢占用户的更多时间。因此，进入移动互联网时代后，短视频等商品形态快速崛起，成为主流。正因为如此，企业不得不在用户碎片化的时间里，用最短的时间、最短的内容吸引用户注意。

相信每个人对时间碎片化的概念都有切身的体会。例如在上班途中的地铁上刷手机快速浏览新闻；一边刷着短视频，一边吃着饭等。

在餐厅排队等位的碎片化时间里，用户不经意间被一个品牌的营销活动触动了。趁着等位的时间，用户用手机扫码参与进来，点开后发现这是片仔癀牙膏关于护齿知识与用户的互动体验。

片仔癀牙膏营销与美食紧紧绑定在一起，从挖掘用户洞察，到美食场景传递商品功能诉求，再加上完整的O2O闭环，确实是一个很好的利用碎片化时间做用户互动营销的案例，分析如下：

挖掘用户的痛点。面对巨大的生活和工作压力，"吃"成了越来越多的现代人缓解、释放压力的常态方式，"重口味"饮食占据了现代人餐饮偏好的半壁江山，而一旦出现口腔问题，就无法好好享受美食了。而具有"清火"功效的片仔癀牙膏，正好给用户提供了解决方案。片仔癀牙膏抓住用户的时间碎片，将美食与其品牌绑定在一起，快速占据了用户心智。

凸显片仔癀牙膏的卖点。片仔癀牙膏通过H5互动，将商品的清火功能传递给用户，为用户送去了最佳场景解决方案——口腔清火用片仔癀牙膏！"清火片仔癀，口口享自在"的标语贯穿始终，用户只要进入游戏界面，10秒内完成三组美食连连看，继而获得一次抽奖机会，奖品包括多家网红门店的"霸王餐""免排队券""优惠券"和"片仔癀牙膏体验装"等福利。游戏富有趣味，加上诱人的奖品，更能有效吸引用户来参加。

导流电商，打造营销闭环。在H5的最后，还有一个"立即体验清火神器"的链接，直接导流片仔癀京东口腔护理旗舰店。同时，厂家在京东店铺站内同步投放的图文、直播等多种形式的内容营销，进一步占据了用户的心智；配合店内丰富的活动，鼓励用户迈出"第一步"——尝试购买。

片仔癀牙膏的这次营销是非常成功的，它始终围绕"清火"这一核心功效，不断贴近用户，理解用户，从场景出发，尝试创新。利用用户碎片化的时间，提高了品牌知名度和好感度。这样的坚持和顺势而为，必将为品牌未来的发展助力。

移动互联网的快速发展为人们的生活提供了极大的便利，也改变了人们的生活方式。人们的注意力被分散，快餐式的浏览已成为众人接收信息的方式。人们的时间被新闻、视频、游戏、社交等应用分割成碎片，品牌应该用哪种方式持续吸引他们呢？

过去企业都认为成功的品牌营销在于抢占用户的心智，如今随着用户时间碎片化的分割，留给品牌营销的时间越来越短，平台越来越分散，谁能更多地抢占用户的时间，谁就能赢得用户的心。

"碎片化"时间，是零散、无规律、长短不固定的，但这个时间段通常不会安排其他特定事情。"碎片化"时间就像一张拼图，只要拼接好，并加以利用，就能实现巨大的效能。

那么，企业如何才能在有限的碎片化时间内吸引用户，更多地抢占用户的碎片化时间？

1. 在第一时间抓住用户眼球

碎片化信息时代对品牌营销提出了更高的要求，信息不仅要完整展现在用户面前，更要考虑以何种方式出现在用户面前，以及如何让他们在众多信息中第一时间就能看到你、关注你。其实，虽然用户接收的信息纷繁复杂，但他们也在寻找与自身需求契合且能让其耳目一新的新生事物。而对于品牌来说，要想吸引用户的关注，就要深入发掘目标用户的需求，建立生动化的形象与用户有效沟通，比如：起个好名字、设计一个吸人眼球的包装、制造一句打动内心的口号、播放一个让人印象深刻的广告等。

2. 用互动式体验，增加用户了解品牌的时间

向用户灌输信息的时代已经过去，与用户互动的时代正在来临。加强与用户互动，以新颖的形式让他们参与其中，就能有效增加他们了解品牌的时间，有助于提升品牌的好感度。例如增加二维码，让用户主动拿出手机扫描，获取更多的品牌信息；发布品牌 App，让品牌走进用户的生活；创新互联网视频，增加互动，吸引用户点击查看更多有趣的内容……这些形式都可以吸引用户花更多的时间关注品牌或商品信息。

3. 用个性化沟通，持续影响用户决策

随着互联网文化的升级，俏皮、自嘲、卖萌等互联网语言成为众多品牌与用户沟通的有效方式。

从淘宝体、凡客体的流行，到杜蕾斯的个性文案营销，再到互联网坚果品牌三只松鼠的卖萌式服务，都证实了这一规律：个性化的服务方式不仅能更好与用户沟通，使企业长期锁定用户，拉近他们与品牌的距离，还能提高

品牌对用户的影响,让品牌文化成为用户的语言习惯或生活方式。

品牌日渐融入用户的生活方式,就能长时间占据用户的时间,营销的成功率就能得到提升。

时间碎片化时代,品牌营销的过程就是锁定用户、留住用户、影响用户的过程,抢占用户第一时间的关注点、增加用户停留时间、长时间锁定用户,就成了品牌营销成功的关键。

给用户一个选择你的理由

很多时候，用户逛 App、逛街不一定是要买东西，也许只是想感受一下更新的促销方式……但到处搞促销，人人喊打折时，用户为什么会选择你？同样是开餐馆，有的人做了几十年，还是街边一家小店；有的人却能在短短数年间打造出连锁店，开遍全国。比如，即使是一根小小的油条，有人炸了一辈子，还是在街边贩卖，可有人却能把它做成永和豆浆的品牌。

造成这种差距的关键在于，能否找到撬动销量的发力点。

再举个例子，在空调领域，美的、海尔的销量和利润率远低于格力，难道它们的商品就很差吗？普通用户是如何判断哪家的商品更好的？其实，跟美的和海尔比起来，格力胜出的不是商品品质，也不是商品技术，而是找到了真正撬动销量的发力点。当用户想要购买空调时，首先就会想到格力因为格力"世界 500 强"的地位、董明珠的个人影响力等，在逛街没出门之前、去电商没打开网页之前，用户已经决定要购买格力空调了。所以，很多企业其实是输在了起跑线之前。

面对众多新的竞争者时，需要给用户一个选择你的理由。使他们产生一种想法：不买你的商品和服务，就是一种损失。

用户选商品的心理

1. 从众心理

从众心理指的是个人受到外界人群行为的影响,使自己在判断、认识上和多数人保持相同。

很多时候,人们是在缺乏相关知识下进行决策,但又不愿在判断或选择上出现错误,只能从其他途径来获得行为引导。根据社会比较理论,在情境不确定的时候,多数人的行为往往最具有参照价值。例如,新开半个月的一家新店,只要看到有人排队,有些人就会跟风排队。再如,你在网上购物,如果对某个商品拿不定主意,就会购买销量和好评率都比较高的商品。

2. 光环效应

光环效应又称晕轮效应,简而言之就是爱屋及乌。从认知角度可以理解为,为了节省认知资源,人们希望能迅速、简单地获得对商品的认知,因此容易受到过去印象的影响。

比较明显的例子就是"品牌效应",例如,很多人认同耐克的鞋子质量比其他运动品牌的好;如果苹果公司准备卖剃须刀,相信多数人都不会质疑它的品质。只要商品没有明显的瑕疵,这种受光环影响的认知会左右用户心理。因此,在用户选择商品前,企业树立一个好的品牌形象非常重要。

3. 捡漏心理

捡漏心理就是让用户觉得你卖的"很便宜",而且不在你这里购买,对他来说就是一种损失。其实,这是一种交易偏见,用户只想得到"占便宜"的感觉。比如,"双十一"期间,很多商家都会给用户占便宜的心理找到一个合理出口,把日常价格作为参照物,通过"满减""优惠券"等方式,吸引流量。这时候,就有很多用户想"占便宜",而毫不犹豫地下单。

4. 其他心理

举两个例子:

(1) 第一印象。设计精美的商品,一般都会比较好用。用户通常都会通过眼睛形成对商品的第一印象,然后在使用时再带着这种印象形成对商品的评估。

（2）追求个性。追求个性的用户一般都比较时尚、富有，他们眼光独特，希望与众不同，并愿意为这种"个性"花费更多的成本。

用户选择商品的理由有哪些？

1. 这个商品或服务能为我解决问题

好好思考一下，用户之所以选择你，真正原因是什么？答案就是你的商品或服务能帮助他解决某些问题。可以把这些问题罗列出来，印到你的宣传册上、网站上、名片上……只要用户和你产生了共鸣，这就是最好的营销手段。记住：永远只给用户想要的，千万别给自己想给的。

2. 买这个商品或服务，简直就是捡了一个大便宜

所有人都知道便宜没好货，但是，所有人又喜欢占些小便宜，这就是人性。从古至今，所有的商品都在发生变化，唯一没有变的就是人性。无论用户现在多么富有，只要能满足他"占便宜"的心理，成交率就会得到提升。举个例子，很多人买东西都会去逛京东、逛美团、逛天猫、逛拼多多，为何不去门店内直接购买？因为这些网络平台的东西卖得便宜。在这里买东西，用户会觉得自己捡了一个大便宜。

3. 这家企业或店铺值得信赖

如果把和用户的关系比作一场博弈，那么真诚就是企业的底牌。所有信任的建立都来自真诚，人们一般都不会选择没有安全感的店铺进行消费。你一旦失去真诚，用户就会弃你而去。

可见，要想吸引新的潜在用户光顾你的生意，首先就要回答这样一个问题："为什么用户要选择你的企业、商品、服务，而不是竞争对手的？"搞清楚了这个问题，就能设计出商品卖点，同时用它来启发产生更多想法。不能回答这个问题，不仅无法将商品卖出去，更无法吸引用户的关注。

不懂营销，创业不成

品牌传播中，听懂比听到更重要

广告语是商业广告传达品牌信息的重要手段，虽然往往只有短短一句话，但可以起到巨大的引导作用。那些穿透人心的广告话语，有诗歌般的流传度，也能实现一字千金的影响力。

近年来，饮品赛道疯狂细分，品类很多，饮品行业商品端比以往更加依赖品牌营销，东鹏特饮深谙此道。

近年来，东鹏特饮在线上线下进行了多维度、全方面的营销宣传，除了传统的电视、公交车、地铁、公共场所广告牌等渠道外，还开展了互联网、影视植入、体育赞助、会议营销等新型营销模式，加深了用户对东鹏特饮品牌的印象。

东鹏特饮在功能饮料品类做到了品类引领，用户只要提到功能饮料，就能想起东鹏特饮。东鹏特饮自2015年开启品牌年轻化战略，持续不断地挖掘品牌潜力，成功塑造了人们熟知的品牌，其打造的"年轻就要醒着拼""累了困了喝东鹏特饮"等口号，简单易懂，更加深入人心。

东鹏特饮深知，功能饮料行业竞争进入深水区，谁能洞察年轻人的需求，谁就有可能突出重围。于是，东鹏特饮赞助了《老九门》《爱情公寓》《亲爱的热爱的》等多部热门影视剧，与年轻人沟通互动，产生共鸣。今天的年轻人，每天都要为了生而努力工作，急切需要一种能为年轻人补充能量的功能饮料。

东鹏特饮持续发力，时刻保持与年轻人同频共振，通过"年轻就要醒着拼""累了困了喝东鹏特饮"的口号，向年轻人传达一种拼搏的精神，陪伴年轻人"醒着拼"。东鹏用简单的传播口号，对年轻消费群体进行了导向，经过多年的发展，无论是用户认知，还是市场占有率，在国内功能性饮料行业中均取得了不俗的成绩。

广告的目的是让用户记住你，只有让用户记住了，下次买东西的时候他才会想起你。

一句好的广告语，可以瞬间撩动用户的兴趣，有冲击力、富有创意的广告语，带来的效益是不能用金钱衡量的。

有销售力的广告话语，每个字、每句话、每个标点，都有助于销售，都能引起人们强烈的购买欲望。

在品牌传播中，听懂比听到更加重要。那么，企业该如何设计能够让用户听懂的广告语呢？

1. 单句

所谓单句，就是用简短单句表现品牌价值，全句以独立句式出现，没有任何前后附带的语句。这种广告语干脆精练、铿锵有力、简单易记，下面几个案例都采用了单句式广告语：

"一切皆有可能"——李宁

"多一度热爱"——361度

"记录美好生活"——抖音

"只为品质生活"——京东

为了强化诉求点的传递，单一句式的广告语大多采用语气强烈的肯定句。

在某些情况下，为了强化感染力，有些企业还会采用缺少语法结构和句型，不仅能够强化节奏感，还能引发接收者的主动联想。例如广告语"飞一般的感觉"，不再是短句，而是偏正结构的词组。偏正词组往往具有强弱结构关系，能够在诵读和聆听过程中，形成语感节奏，并在节奏的变化中产生语感重心。

为了获得语义上的强烈效果，单一句式广告语大都采用动词。利用动词的动态特征，引领全句的结构，产生语感节奏。同时，还不能堆砌，要尽量使用含义明确的动词和名词，不要使用形容词。

2. 对偶

对偶式广告语是，采取两个简短且相互关联的单句的广告语句式。这种形式在语义上，前后呼应搭配，有相互映衬的韵律效果，读起来朗朗上口，具有形式上的美感和含义上的联想空间。

（1）工对。较为工整的对偶，字数相等、用字不重复，上下两句词性相同、词义相对。举几个例子：

"晶晶亮，透心凉"——雪碧

给用户带来了"透心凉"的舒适体验。

"钻石恒久远，一颗永流传"——戴比尔斯钻石

钻石被定义为爱情的见证，价格一路飙升，从石头活生生变成了堪比黄金的宝物。

"人头马一开，好事自然来"——人头马XO

人头马给人们一个希望，只要喝一口人头马，就会有好事等着你。

（2）散对。句式相同，字数大致相等，用字可以重复，上下两句词性

可以不同，词义可以重复。举几个例子：

"只溶在口，不溶在手"——M&M巧克力

是著名广告大师罗瑟·瑞夫斯的灵感之作，堪称经典。

"没有到不了的地方，只有没到过的地方"——雪佛兰

告诉人们，只要不断突破自我、超越自我，就能心之所至，无所不至。

3. 短句

短句，一般都句型完整，逻辑关系充分，不追求鲜明节奏，强调语义完整性。短句广告语语感比较平缓，表达诉求的方式往往比较亲切，能传递出放松的情绪和富有层次感的语义内涵。举几个例子：

"生命，就应浪费在美好的事物上"——黑松汽水

生命从头到尾都是一场浪费，我们需要判断的仅仅在于，这次浪费是否是"美好的"。

"其实，男人更需要关怀"——丽珠得乐

为品牌赋予了更多感性价值和人情。

短句广告可以让品牌内涵在传递过程中变得婉转含蓄。从效果来看，短句广告更利于传递亲和感，比较适合强化品牌和用户之间的情感构建，或建立亲和形象；更符合用户群体的语言习惯，能够传递出富有层次的内容。

品牌故事也有模板

品牌卖的不仅是商品，还有梦想。讲好品牌故事，点亮每个人心中本来就有的渴望，就能让他们的梦想之火熊熊燃烧。好的品牌故事能激发用户内心对品牌和商品的好感，就能让用户在买单的同时还可以进行品牌传播。

举个例子：

如今的聚美优品虽然没有了往日的辉煌，但它当年的宣传片依然值得学习和借鉴，因为当时的广告可谓轰动一时。"我为自己代言"的广告故事至今让人记忆犹新。

经典台词有：

"你只闻到我的香水，却没看到我的汗水"

"你有你的规则，我有我的选择"

"你否定我的现在，我决定我的未来"

"哪怕遍体鳞伤，也要活得漂亮"

"我们会证明，这是谁的时代"

台词反映了目标用户群体在追逐梦想过程中所遇到的境况以及自己的态度，在社会上引起广泛共鸣，吸引目标用户群体对其企业文化的认可，激发用户的购买欲望。品牌创始人陈欧喜欢用"自信、正能量、追求梦想"来定义聚美优品,这些广告就融合了这种精神力量,起到指令性作用,实现了为梦想赋能的效果。

这里,给大家介绍几种常见的品牌故事模板。

1. 品牌创立故事

品牌创立故事,要讲清楚品牌的梦想、遇到的困境、克服的困境、取得的成功等内容,吸引人们进一步关注。当人们对创业的故事感同身受时,对企业及商品的好感自然就提升了。

2020年在小米10周年发布会上,雷军讲了一个小米"闹革命"的故事:

2010年雷军创立小米,初衷是为中国人做出又好用、又好看、又便宜的手机商品。

当时国内的手机市场,一类是苹果、诺基亚、三星等国际品牌;一类是国产手机"中华酷联"(中兴/华为/酷派/联想),再就是铺天盖地的山寨手机。外国品牌的商品质量好但价格高,国产手机便宜但质量一般。

作为一位手机发烧友,也作为一个创业者,雷军有点不服气。虽然他从来没有做过手机,但有了这样的梦想——做全球最好的手机,只卖一半的价格,让每个人都能买得起!(梦想)

可是,雷军是个从没做过手机的外行,即使创立了公司也要从零开始,要做全球最好的手机,谈何容易?(困境)

为了实现这个看起来不靠谱的目标,雷军有了一个"脑洞大开"的想法:这些巨头都是硬件公司,如果我们用互联网模式来做手机呢?(尝试)

于是,雷军组建了团队,开发系统,打造手机软件,克服各种困难做出初代MIUI系统。然后,抓住日本地震核泄漏的时机,冒险造访夏普,

感动了夏普高层，成功搞定了硬件的制造。（接近）

眼看新机就要成功上线，结果发生了意外：原本宣称卖 1499 元的手机，因为对品质要求太高导致成本增加，不得不改为 1999 元。（意外）

出乎意料的是，手机发布会当天，很多米粉都来现场助阵，就连雷军自己都挤不进去。1999 元售价一公布，现场就爆发出阵阵欢呼，首波订购就达到 30 万台，最终小米新机的销量达到了惊人的 700 万台。（成功）

2. 商品故事

品牌商品故事，要讲清楚遇到的困境、亟待解决的问题，让人们了解商品的整个生产过程，让用户清楚商品的质量有保证。

设计师贾伟曾经讲过一个 55 度杯的故事：

2014 年一个周六的下午，贾伟陪着女儿在家看动画片，女儿渴了想喝水，他就给她倒了一杯刚烧开的热水，为了不烫到女儿，他特意把杯子放在桌子中间。但女儿实在是太渴了，便跳起来够杯子，杯子倒了，一杯开水都泼在女儿脸上和胸口上，孩子瞬间被烫伤。

到了医院，在女儿的病房里，贾伟看到很多被热水烫伤的孩子，孩子们发出撕心裂肺的叫声。目睹这一切，贾伟泪流满面，陷入了痛苦的沉思：一个简单的水杯究竟烫伤过多少人，又有多少人将要被烫伤。作为一个获奖无数的商品设计师，竟然连自己的孩子都保护不了。（遇到难题）

之后，贾伟用 3 个月的时间做出了"55 度杯"，倒入开水，摇晃 1 分钟，水温就能降到 55 度左右，一个有些烫嘴却不会烫伤的温度。（解决难题）

3. 用户故事

用户故事要讲清楚用户的理想、现实的阻碍、在商品的陪伴下实现理想的过程。

泰国潘婷洗发水曾讲过这样一个故事：

一个家庭条件不好的哑巴女生，特别喜欢小提琴，从小就在街边看一个老人拉小提琴。一天老人送给她一把小提琴，她开心地开始练习小提琴。（用户理想）

班里有个学钢琴的女生，家境很好，看不起哑巴女孩，处处刁难她，哑巴女生只得忍气吞声。（现实阻碍）

老人知道后，开始辅导她，哑巴女孩的琴技快速提升，甚至还能和老人一起在街头表演。（接近理想）

哑巴女生想去参加古典音乐比赛，开始刻苦练习。那个女生也准备参加这个比赛，看到哑巴女生练得越来越好，心生恨意，比赛前她把老人打伤了，还踩坏了女孩的小提琴。（新的困境）

哑巴女孩没有放弃，反而变得更加勤奋，下定决心要赢得比赛。哑巴女孩一遍一遍地弹着那把被踩坏的小提琴，飘逸的长发与小提琴的旋律相得益彰，散发出一种独特的魅力。（接近理想）

比赛当日，那个女生努力发挥，赢得了全场的掌声。她以为胜券在握时，哑巴女孩上场了。她拿着用胶带粘好的小提琴登上舞台，长发飘飘，散发出无比自信的气场。观众都没太在意，但当她用小提琴发出第一个音时，全场都呆住了。女孩一番精彩的演奏，赢得了雷鸣般的掌声。（实现理想）

然后，广告语出现："You can shine"（你能闪耀）。

这个故事励志且感人，全篇并没有潘婷品牌的植入，却借助女孩的长发将品牌贯穿始终，尤其是最后终极表演中的靓丽长发，让女孩仿佛女神般闪耀，从视觉上向观众传递了她破茧成蝶的蜕变。这个故事再一次提醒我们，品牌的用户故事可以是创作的故事，也可以是采集自真实的用户故事，但最好是商品帮助用户成为"英雄"的故事。

4. 创始人的故事

作为企业创始人，创业的原因或说驱动力是什么？一个品牌从无到有，创业的过程往往是成就品牌的关键。创业者的个性与创业时期的故事，也可能决定着品牌的基因，因此非常吸引人们的注意。很多奢侈品品牌就是这样做的。品牌的营销目的是增加销售额，而奢侈品营销的目标则是品牌价值植入。他们一般都会从营造自己奢侈品的身份开始，但是如果要进入一个新的领域或推出新商品，讲故事往往都是他们的开场白。

5. 品类的历史

在发展的过程中，这个品类经历了哪些分化和融合？各自带来的意义是什么？有些故事，可以塑造自己的风格，走差异化路线。到时候，人们只要一想到某种风格，就会马上想到这个品牌。

比如，葡萄酒行业的品牌故事已经形成一套标准的流程，产地、酿造过程、历史、风味、食物搭配等，这些都决定着品牌的内涵和价格。即使不喝葡萄酒的人，也可以知道"拉菲"的影响力。

6. 地域文化

地域性品牌，可以从当地的风土人情、文化特征作为切入点，这样的品牌故事，一般都能跟本地人产生共鸣；外地人则会感到好奇，并觉得这个品牌是有文化内涵的。比如食品、茶、银饰、民族服饰等行业，可以使用这个办法。

7. 品牌理念

卓越品牌的塑造往往都是从规划清晰的品牌理念开始的。比如，内衣品牌 NEIWAI（内外），从无钢圈文胸切入市场，强调内衣要以舒适为本质。伴随着"我的内外，你都了解"的品牌标语，该品牌从"做一件让人身心自由的内衣"品牌理念出发，发展成为一个专注于舒适内衣、家居服、运动服饰的品牌。

8. 历史故事

时间有时也是品牌资产的一部分。在漫长的岁月中，经过大浪淘沙的过程，优秀的品牌才能做到历久弥新。源远流长的历史故事可以赋予品牌深刻而生动的文化内涵，而拥有历史故事的商品更能让用户怀有特殊情感，进而直接或间接激起用户的购买欲望。

总之，品牌故事赋予品牌以生机，把品牌融入了用户的生活，就能获得情感的共鸣。数字化时代，信息的传播不再局限于口口相传，具备思考深度和创新维度的品牌故事经过多元化的传播，可以再次扩大品牌覆盖范围，增加品牌影响力。所以，品牌故事永远都是为品牌而服务，是品牌建设的一个重要环节。

不懂营销，创业不成

找好品牌背书，快速获取用户信任

在品牌推广的过程中，寻找品牌背书（即建立信任体系）是不可或缺的一环。

对品牌背书来说，其主要影响在于可以向用户保证这些商品一定会带来所承诺的优点，因为该品牌的背后是一个已经成功的企业。如果商品是全新的，品牌背书策略就更有意义了。因为这种保证会让用户觉得与这个商品之间有某种联系，而不再陌生。

从本质上来说，品牌背书其实就是某个新品牌为了有效激发用户消费动机、吸引用户消费行为，借用另外一方的品牌力量；同时，被借用方品牌也以一定的方式来向用户传递信息，为其进行担保，确保用户的消费行为得到合理的回报。

浏阳河、京酒和金六福等品牌在短短几年里，迅速成为中国白酒市新贵。探究它们成功背后的原因，人们发现，在传播品牌时，它们都有意识地将这一信息传达给了用户——它们都是由五粮液酒厂生产的。五粮液是中国高端酒的代表品牌之一，具有极高的市场知名度，由五粮液为浏阳河、京酒和金六福等品牌进行背书，用户自然会产生"爱屋及乌"的联想。

人们常说"大树底下好乘凉",新兴的品牌为了有效激发用户的消费动机,最好找棵合适的大树,借用大树的品牌力量,为新兴品牌保驾护航。

新品牌刚入市的时候,商品的销售量一般都不尽如人意,主要原因是新品牌的知名度不高。为了增强其在市场上的竞争力,就可以借用第三方的信誉,然后第三方品牌以其自身的影响力为新品牌背书,被背书品牌就能与用户建立一种可持续的、可信任的品牌关联。

为什么需要品牌背书?

背书的目的,一是传递影响力,二是做重复的记忆。既然是一个背书的记忆,就应该选择最好的做强势的绑定,找到最好的品牌进行关联,给公众留下深刻的印象。

说到底,品牌背书的核心就是信任感的传递,即对一切资源进行挖掘和嫁接。

用户常常缺乏安全感,害怕被欺骗,需要确认自己的选择是合理的。比如,淘宝有店铺等级,有独特的评分系统,其实就是非品牌的一种品牌信誉背书。

在承诺泛滥的商业时代,用户已经出现选择困惑,无法判断品牌传播的利益承诺到底是真是假,而品牌背书可以清晰地告诉用户:我的承诺是可信的!

比如,电商平台普遍要求平台商户接受7天无理由退换货,甚至可以延长到30天,相同的承诺之外,如果你能给出足够信服力的品牌背书,用户就会很容易成交。

品牌背书的形式

1.国家背书

在国际市场上,当用户提到某一个国家时,总会想起某个大类商品,例如瑞士钟表、法国香水、意大利皮鞋、德国啤酒和日本电器等。

国家品牌可以为本国某种商品在国际市场上散发诱人的品牌魅力提供背书。这些国家一般都在生产某一种或几种商品方面具有绝对优势,将本国该类商品都笼罩在国家品牌的光环之下，这时候，国家作为一个品牌载体，就为本国企业进入全球市场提供了强有力的说服力。

2. 名人背书

名人背书也叫名人证言，让一个名人使用某品牌（商品）或为某品牌（商品）做广告，通过名人的影响力，就能提高品牌或商品的竞争力。例如，利郎男装聘请陈道明为其品牌代言人，耐克签约科比、詹姆斯等篮球巨星。

如果民众对一个企业家心存好感，就会对其企业的商品和服务产生好感，反之亦然。企业家的个人魅力可以为企业带来积极的品牌效应，万科老总王石就是企业家品牌背书的杰出代表。他通过一系列的个人行动和品牌故事的打造，将自己塑造成了一个特立独行、个性鲜明的形象，传递出一种引领潮流的领袖气质。

2001年，王石成为摩托罗拉手机的形象代言人，一时传为美谈；2003年，王石作为年龄最大的队员成功登上了世界最高峰——海拔8848米的珠穆朗玛峰。媒体争相报道，王石赚足了眼球，充分传播了自己的品牌个性和形象，为万科的融资、推广和销售起到了极好的促进作用。

3. 媒体背书

在媒体市场上，有些媒体资源不论其形态如何，总能给特定受众形成强大的、卓越的、高尚的、可信赖的媒体形象。同时，受众也认为，在强势媒体上出现的商业广告所宣扬的品牌也值得信赖。例如中央广播电视总台的广告可以带给用户产生极大的信任度，"央视上榜品牌"也成为一些企业引以为荣的宣传点。很多企业渴望上央视，就是想要借助央视的光环，给自己的商品进行"背书"，得到巨大的背景支持。

4. 产地背书

产地背书可以让你的品牌优势无可复制。对用户来说，有产地背书的品牌更值得信赖。该策略应用最为成功的案例当数茅台。茅台酒一直都在宣传"离开茅台镇就酿不出茅台酒"，造就了"茅台酒无法复制"的差异化优势，这也是茅台酒品牌地位如此稳固的关键，再如内蒙古与蒙牛、贵州与老干妈等。

品牌背书应该遵循的原则

1. 相关性

（1）品类相关性。首先，品牌背书要证明其品类是值得信赖的，比如蒙牛、伊利等均以来自内蒙古大草原这样的产地作为品牌背书，人们觉得产地安全，消费起来自然就会感到安心。

（2）品牌相关性。同一品类，品牌都有各自基因，比如香飘飘以奶茶，采用畅销理念作为背书，"连续×年全国销量领先，杯子连起来可绕地球N圈"；优乐美则从调性优雅快乐出发，用周杰伦等明星作为背书，以爱情宣言策略对用户传递强有力的信赖感。

（3）定位相关性。背书的目的是让用户相信你说的是真的，而对品牌最重要的是传达定位，也就是独特的价值主张。其实，背书最主要的目的是支撑品牌的核心价值传达，为品牌独特的价值主张寻找支撑。品牌定位是面对市场的差异化竞争利器，通过背书，可以让差异化的核心价值得到体现，建立用户对品牌定位的信赖感。

2. 权威性

品牌背书必须足够权威，如果想借助第三方力量证明自己，这方力量也必须足够权威，否则就毫无意义，背书价值就得不到体现。

品牌权威性必须真实可靠！品牌本身就是为了信任而生，信息虚假，就会侵犯用户的权益，不仅违背商业规律，还违反法律，品牌也就名存实亡了。

3. 共鸣力

品牌背书必须引发用户共鸣，否则就是自嗨！

企业做品牌背书的目的是为了赢得用户认可，提高沟通效率，和用户之间毫无共鸣的背书，就是品牌自嗨了。例如有些品牌喜欢国际权威机构认证，但用户根本就没听说过这些机构，这样的背书就缺乏可信度。

背书在精不在多，原因有两个：首先，背书是为了增加品牌的可信度，把大品牌的影响力转嫁到自己身上，如果你的背书影响力太小，就没必要了。被借用品牌一定是知名品牌，在市场上有着强大的影响力和号召力，其知名度和美誉度已经在市场上处于同行业领先地位。

  其次，在品牌推广初期，营销的目标是让用户记住你的品牌，记住你跟别人的不同。背书不宜太多，背书太多你的品牌特点就会被湮没其中，很难再被人注意到了。

第 4 章

创新：好商品自带营销属性

不懂营销，创业不成

好商品是行走的名片

商品的属性和质量决定着营销渠道的选择。比如，标准化商品更适合走加盟店，而定制化商品则更适合直营模式。同样，商品质量还决定了竞争能力，好商品的重要性由此可见一斑。

2022年3月，中国标准化研究院用户满意度测评中心，联合清华大学经济管理学院中国企业研究中心共同发布了"2022年十一类商品用户满意度"调查结果。其中，空调商品的"用户满意度"调查结果显示，在各项指标评比中，格力位列前茅，连续11年卫冕空调行业用户满意度第一。

格力之所以能在激烈的行业竞争中脱颖而出，主要源于自身数十年如一日对高质量的要求，为用户打造好商品。最近几年，受到新冠肺炎疫情的波及，很多家电企业都受到了强烈冲击，格力也同样在这样的环境下销量锐减，但承担着这样的重压，格力依然坚守行业底线、坚守质量阵地，用匠心打造高品质空调。

董明珠曾说："质量关乎两个生命，一个是用户的生命，一个是企业的生命。"为了打造好商品，格力有着深刻的认知，敢于"刀刃向内"。

不将一款商品做到极致，用户可能购买一次，以后就不会再次购买了；更有甚者，如果商品不好，口碑不好，人们根本就不会买。因此，对于企业来说，重点就是设计出受用户喜爱的好商品，才能在市场中占有一席之地。

那么，究竟什么是好商品？从结果来看，有市场需求、被市场认可、占有一定市场份额的商品，才叫好商品。好商品往往都具有以下几个硬性指标：

功能好，能解决用户的使用需求。

实用体验好，用户使用起来感到舒适方便。

性价比高，把控成本，合理定价让用户买得起。

维护保养方便，外型美观好看。

从市场角度来说，好商品做的是品牌和未来，可以满足用户当下的需求，解决当下的痛点，引导未来的需求。

站在企业的角度，好商品可以给企业带来利润，可以增加投资的产出比，利于企业发展和布局。

对于企业来说，商品的相关方通常有三个：用户、团队和投资人。用户关注的是，商品能否解决需求，以及使用后带来的体验感；团队关注的是供应链、人力协同和时间，以及执行的成本；投资者则更看重商品带来的利润、企业战略的布局和品牌力的提升。从用户角度来看，好商品应该要有以下特征：

1. 满足需求

用户需求是排第一位的。用户没有需求，即使你的商品品质再好，甚至免费送给用户，用户也不会叫好。而在用户需求中，企业更需要判断的是用户的刚需和痛点。

用户想要的都可以称之为需求，如果需求非常强烈甚至非要不可，就可以称之为刚需。

在为用户解决需求时，遇到的阻碍就是痛点。而且，这种痛点还不止一个，比如：金钱、时间、实现的难易程度等；阻碍越大，痛点越强烈。以去网红小吃店吃美食为例，吃美食就是刚需，长时间排队等待就是痛点。

好商品首先需要满足用户需求。既能满足需求，也能优先解决刚需和痛点的商品，才能成为市场上的爆款。

2. 好的品质

品质，不仅指商品质量，还包括商品的设计、功能、后续服务等内容。例如，用户买冰箱，通常都会考虑质量是否过硬、售后是否便利、功能是否齐全、操作是否方便、摆在客厅是否显得高级等。

品质是商品提高影响力的基础，是商品区别于其他商品的关键。创业想要成功，核心要解决的就是商品的品质、商品的含金量问题。

好的价格通常都建立在好的商品品质基础上，低成本、低毛利、高质量就是通常说的优质低价。比如，优衣库的衣服、小米的手机、迅速崛起的名创优品，都完全符合优质低价的特点。

3. 好的体验

体验是用户在接触商品、系统或服务后，对其产生的相关反应与对商品认知的变化。最好的体验就是让用户接触商品时感到惊艳，在商品使用中感到符合预期，使用后做出"满意"的评价。

好的商品，一般都紧跟时代发展的趋势，并能够更好地引领趋势。不过，人性是贪婪的，仅满足用户需求远远不够，还需要超出用户的预期，让用户满意感到达极致，才是真正的好商品。

随着人工智能、传感器、云数据、芯片制造等技术的不断发展，未来的商品定然会更智能和人性化，给用户带来更好的体验，企业必须了解这些发展，紧跟时代脚步。

打造商品的差异化标签

如果你经营着一家生产美瞳的企业，前几年市场竞争不大，如果再加上商品品质优越、价格合理，所以销量会很好。然而，受到高利润的吸引，一大批竞争者突然出现，竞争日益激烈，整个行业的商品品质也在逐步提升，用户的选择更加多元化，你的优势没有了，生意也越来越难做。为什么会这样？答案只有一个，同质化！

品牌面临同质化，解决问题的常用手段就是降价，即品质拼不过，就用低价打败对方：

商品销量不如从前，降价！
商品初期推广缓慢，降价！
用户反映商品略贵，降价！

降价确实能暂时吸引到部分用户，但不可否认的是，在多数情况下，降价只是企业或商家用以逃避思考的手段，并不能作为一种营销策略来使用。所以，这样的"降价"仅仅是一种转移负担的手段，只能取得暂时的效果，无法从根本上解决问题，甚至还会对"降价"产生更严重的依赖。

作为企业，面临同质化的浪潮，如何才能成功突围呢？答案就是，差

不懂营销，创业不成

异化！

我们先来看一个关于西南航空的例子。

当年在美国的航空市场，各航空公司提供的服务基本上都差不多，竞争非常激烈。为了摆脱同质化局面，赢得用户，有的航空公司就使用了"降价"的手段。同样的服务，价格更低廉，确实受到了用户的青睐，但好景不长，其他公司看到了效果，也开始模仿，尝试降价，而且降得幅度更大。长此以往，美国航空业陷入了价格战的怪圈，整个行业只能以微利生存，有的公司甚至还出现了亏损，航空业逐渐做成了"公益事业"。

西南航空公司却没有这样做。该公司避开了同行价格战的战场，从成立第一天起就摒弃了行业赖以生存的优势，比如餐饮、优质服务等，不固定座位，不提供餐饮，没有转机服务，甚至还砍掉了长途飞行业务，只做短途飞行。

当时，在多数人的认知中，航空公司要想发展，就要做长途飞行市场，乘客短途出行更青睐于火车、公交车等，只做短途业务，相当于放弃了航空业最赖以生存的优势市场。结果呢？西南航空却靠着这样一项举措，在市场中占有了一席之地。

针对大规模市场，为用户提供与竞争者存在差异的商品或服务，企业确实能获取优势。

著名战略管理专家迈克尔·波特是这样描述差异化战略的："当一个企业能向用户提供一些独特的、对用户来说价值不仅仅是一种廉价商品时，这家企业就把自己与竞争者区分开来了。"差异化可以说是给用户提供一个选择你、不选别人的理由。

农夫山泉经过20多年的发展，成为国内瓶装水知名品牌之一，也成为最受用户欢迎的品牌之一。细数农夫山泉的发展历程，不难发现其成功关键在于品牌差异化。

农夫山泉的品牌宣传秉承"天然、安全、健康"的理念，一直以来水源都是它的宣扬重点。

农夫山泉刚开始起步时，打出了"农夫山泉有点甜"的广告语，迅速占据了人们的心智，在市场上站稳脚跟。后来，提出了"从好水喝出健康来"的宣传语，更突出了水源品质的重要性。

面对白热化的纯净水竞争市场，农夫山泉抓住机会，提出了"天然水"概念，颠覆了过去的品牌定位，不断强调："我们不生产水，我们只做大自然的搬运工。"没过多长时间，就让人们认可了其"天然水"概念，"农夫山泉"也迅速位居饮料行业的领军行列。

为了满足不同用户的需求，最大限度地占有市场，农夫山泉不仅对商品进行了细分：水类、茶类、鲜果类、功能类和果汁类，还研发、生产了高端天然矿泉水和婴儿水。比如，水溶C100被宣传为有健康含义的潮流饮料，主要针对的消费人群是都市白领和年轻人。

企业从市场细分着手，确定要进入的特定目标市场，就能制定市场营销组合，更好地适应各目标市场。针对各个细分用户市场的需要，刻意设计适合他们的商品和服务，就能更好地满足于各细分市场的用户需求。

1. 外观差异化

调查显示，中国用户平均只会花3~7秒的时间来决定购买哪个商品，在这么短的时间内，64%的用户会购买外观和包装更吸引人的商品。商品的外观设计包括造型、色彩、尺寸、材料、质感等，以及各种流行元素、潮流文化等，以此为切入点，就能实现商品的差异化。因此，企业迭代升级商品，首先就要考虑外观变化，比如，造型的改变、色彩的调整、材料的选择符号的加入等。

2. 技术差异化

技术对商品差异化的打造非常重要。一项重大技术的突破，通常都能开创一个新市场，或对现有市场进行重新定义。技术差异化是企业重要的竞争优势，比如苹果、华为、戴森、飞利浦等，就以远超行业平均值的研发投入，拥有了核心科技，不断创新技术和商品，为用户提供了不可替代的商品，赢得了无数用户的青睐。

3. 功能差异化

所谓功能差异化，就是通过增加或优化功能来实现商品差异化。如果商品功能深入人心，对手就很难用同样的功能与你竞争。比如旧式手机只能打电话和发短信，智能手机却在功能手机的基础上增加了拍照、视频等功能，将手机从移动电话变成了小型移动计算机，快速替代了旧式手机。

4. 体验差异化

用户体验是指用户在整个商品购买和使用过程中的感受，其好坏决定着用户对商品的评价和复购行为。

影响用户体验的主要因素有这样几个：

（1）商品接受门槛。商品使用难度或商品定价，决定商品的接受门槛。

（2）商品体验效果。用户能否明确地获得预期体验效果，会极大地影响用户对商品的评价和复购。提高商品的体验效果，在用户体验上区别于竞争对手。

（3）商品符合习惯和认知。有些创新商品，颠覆了对传统商品和生活习惯的认知，用户很难轻易接受。

打造个性化商品，实现商品差异化竞争，就能更好地满足不同用户的需求，为企业在激烈的市场竞争中，赢得更好的发展空间。

独特的商品才能满足个性化需求

随着生活水平的不断提高，人们对商品的要求也逐渐提高，并逐渐钟情于那些另类、个性、具有特殊卖点的商品。因此，要想留住用户，不让他们被竞争对手抢走，就要满足用户的个性化需求，增添商品个性化的语言，提高市场竞争力。

跟很多职场爱美女士一样，周小姐也喜欢购买衣服和包包。领到工资后，一下班，她就进了一家大型商场。她在一家店铺逛了一圈后，没选中合适的，打算去二楼看看。

销售员微笑着对她说："请您先留步，您是否觉得我们店的衣服种类太少，选择的余地不大？"

周小姐："是啊，就这几件衣服，怎么选？"

销售员："确实有道理！不过，我们老板非常强调要做有特色、经典的时装，款式不落伍，避免俗套。"

周小姐仔细看看，说："你这么一说，我还真发现，你们店的东西不太一样。"

销售员："商品贵精不在多！时装虽然容易过时，但只要搭配得好，总能穿出永不过时的效果。"

周小姐:"确实是这样。您看,我身上穿的裙子,别人都以为我是新买的,实际上2年前我就买了,只不过我喜欢以不同的方式搭配,穿出来的感觉总会不一样。"

销售员:"是啊,其实我们店最大的优点就是容易搭配,而不是追求新奇!"

周小姐:"那你觉得我适合穿什么样的衣服?"

销售员挑选了一会儿以后,拿起一条裙子,说:"我看这件就不错。这条裙子的设计走的是复古路线,肯定能凸显您的身材。"

周小姐:"是吗?我去试试看。"

最后,周小姐兴高采烈地买了这条裙子。

在这则案例中,当周小姐要去"别家看看"时,营销员并没有放弃,而是主动表明了用户的想法——商品种类太少;随即向用户表明虽然种类少,但款式经典、有特色等,进而得到用户的认同。然后,营销员又对用户的品位进行了一番夸赞,让用户对自己产生了信任感,最终促成了消费。

在购物的时候,人们都会发现一些面积小却很有特色的店面。例如,专门经营民族服饰的店铺、专门经营水晶饰品的店铺等,这些店铺虽然看起来不大,却内有乾坤,而且成交率很高。如果想留住用户,就要让用户感受到你的商品很特别,或者具有某种特殊的含义,以特色激发用户的兴趣和购买欲望,满足用户的个性化需求,实现销售目的。

互联网时代个性化十足,每个人都可以根据自己的喜好来进行消费,人们在选择购买某一商品的时候,往往都比较在意商品的独特性。因此,企业只有在个性化上下功夫,才能吸引更多的人群。

所谓个性化,就是追求鲜明的、独特的、与众不同的,达到"人无我有,人有我特"的境界。独特性是与商品的功能相伴的个性,是商品的核心要素之一,能够让品牌与其他品牌明显区分开来,是区别于其他同类商品的主要标志。

具备独特个性的商品，一般都能较快地激起用户的购买欲望，引领消费趋势，创造有利的市场环境。那么，如何来打造具备独特性的商品呢？

1. 了解品牌定位与目标人群的期望

品牌个性不仅需要凸显品牌的核心价值，还要与用户的期望保持一致，因为在很多情况下，用户之所以会选择某个品牌，主要看该品牌的"调性"是否符合自己的品位与个性。如同交朋友，性格相合的人可以很快成为知心朋友；性格不合、爱好不同的人，往往都不会聚合在一起。

2. 融合用户理想，打造积极的人格化形象

品牌的个性不仅要与用户的期望契合，还要融合他们的普遍理想，传达出一种正能量。简而言之，就是要让品牌个性满足用户成为"理想中的自己"。要体现出人们对美好的向往。商品要想满足这份"美好"，就要打造出积极正面的人格化形象，迎合、弥补用户的这种心理。

3. 与用户建立情感联系，营造归属感

商品要富有个性化，就要拥有感情，通过感性元素引发用户的情感共鸣，与用户在精神层面建立联系，营造出依赖感和归属感。比如商品故事、互动交流、品牌内容输出等，都可以让商品更具有人性和温度。

不懂营销，创业不成

品质是用户不请自来的根本原因

产品生产的每个环节，都需要进行质量控制，忽视了这一方面的任何环节，不仅会造成产品质量问题，还会影响到企业的声誉。因此在产品生产过程中，一定要把控好产品质量。

一切营销活动的底气都来自过硬的产品品质！产品品质不过硬，只能让用户远离你。

产品质量是在设计和生产中实现的。在设计阶段和生产阶段，控制好采购、加工制造、包装、运输等环节，质量就能得到保证。那么，怎样才能提高产品的品质呢？要想控制产品品质，必须坚持以下原则：

1. 生产的标准化

要想提高商品品质，首先就要制定商品生产标准，没有标准化生产无法谈质量。

为了让生产的产品符合国家的、企业的标准，就要给生产人员制定一个标准，让生产人员按照这个标准来做。例如做面包，面团需要松弛几分钟，擀面擀多长、擀多宽、擀多厚、如何定型、做出的半成品，长、宽、高各是多少面团发酵，需要多长时间、温度多少、湿度多少，才能进行烘烤等。标准越详细，成品合格率也就越高。

2. 谁生产谁负责

产品的生产者也是产品的质量负责人，生产人员要按照产品的制作标准来制作产品。如果出现了不合格产品，就要让他们主动处理，并查明导致商品不合格的原因，及时地做出调整，不能将问题留给其他人。

3. 谁生产谁检查

产品的生产者也是产品品质的检查者，产品品质的自我检查只是对生产的产品是否合格的再次确认。通过再次确认，就能避免不合格商品流入到下一环节；同时，通过检查还能发现自己在制作过程中可能存在的问题，及时改进，不断提升操作技能和产品品质。

4. 工序内检查

产品品质是生产出来的，本工序生产人员相对来说更熟悉商品。安排本工序生产人员进行自我检查，能更多更快地发现商品的质量问题。同时，还能提高本工序生产人员对商品的责任感，有利于商品工序的自我改进。

5. 不良停产

在工厂生产过程中，经常会出现这样的问题：半成品生产出来后，与成品标准非常接近，如产品外形尺寸、产品重量等，如果生产人员或管理人员出于节约成本或其他原因当作合格产品处理，继续加工，最后发现还是不符合标准要求时，会导致更大的浪费。因此，在生产过程中，一旦发现有不合格的半成品，就要停止继续加工。

6. 发现问题，立即处理

在生产过程中，出现不合格品时，要立即处理。原因有两个：

（1）可以立刻找到引起产品不合格的原因，避免再次发生同样的事情，提高产品合格率。

（2）将不合格产品分选出来，避免进入到下一工序；同时，还能根据具体情况再次利用，减少浪费。

7. 不良曝光

这里的不良曝光，目的不是去追究责任人，而是让大家了解整个事情的经过。经过分析，发现了引起产品不合格的原因，就能对产品标准或管理过程做出调整。

只有让大家共同意识到产品品质问题，才能在生产过程中去反思自己的操作可能存在哪些问题，从而避免这些问题的发生。而不是简单地对不合格产品做返工或报废处理，否则这类问题会一直持续下去。

8. 监督检查

生产人员是产品的质量负责人，但把控质量不能完全依赖于生产人员的责任心。即使公司管理要求再严格，很多人也会存在侥幸心理。为了减少质量问题的发生，就要让其他人员做监督检查，严格控制关键环节。

9. 管理支持

在很多企业，对于由员工过失造成的相关损失，都制定了严格的责任制度。企业制定这些管理要求时要合理，要允许员工犯错，在一定范围内实行免责；在执行的时候要考虑到制度的初衷，做到公平公正不能为了处罚而处罚；出现批量质量问题的时候，管理人员也要对自己的失察负责。

如何实现商品的自传播

如果一件商品有高颜值的设计、有记忆点的名字、优质精准的内容、独特的消费场景，赋予消费意义，不仅能让用户想得起，还能让用户忍不住进行自传播。这就是商品自传播的真正内涵。

对于商品的自传播，咖啡品牌"三顿半"打造的"返航计划"是塑造得比较成功的一个案例。

"返航计划"，其实就是"三顿半"推出的回收空罐行动。即在每个城市设置指定回收点，用户把空杯子拿到该地点进行回收，就能免费得到"三顿半"的周边小礼品或兑换新咖啡。

此外，"三顿半"还与一些特色书店、商场等线下空间合作，用户只要将空杯子拿过去，回收的空罐子还可以"储能"，用来兑换咖啡或其他周边小礼品。这种互动使用户不仅享受到了实惠，还参与了环保，增加了对品牌的黏性。

在这个活动中，用户的付出和收获是直观可视化的，用户投入的精力和时间都会为其创造新的价值，使他们对品牌的认同感更强烈，也就更愿意分享。

如今，数字媒体和社交平台已经实现了将用户的日常生活变成一种自我展示，消费也被新时代赋予了叙事意义，只要你的商品或品牌能帮助用户自我展现，多数传播工作或互动都会由用户自发完成。

简而言之，就是用户愿意为你自拍。商品自传播不是只让用户看到一句有共情的文案、高颜值的包装或空间，继而拍个照、发发朋友圈这么简单，真正意义上的商品自传播，是用户自发愿意和商品在一起的状态。

为了提升商品的自传播水平，就要注意以下3个方面：

1. 自主传播的基础

要想实现商品自传播，首先就要打造自传播的基础。

传播基础需要从两个方面进行建设：一是打造靠谱的商品；二是使用便捷的传播分享手段。

（1）打造靠谱的商品。自传播的力量确实不容小觑，但是只有商品质量有保证，才有助于用户增长；反之，如果商品不靠谱，很可能会适得其反，只会让自身的口碑变得更差，增长也会变得更加困难，给企业带来难以补救的负面影响。好的商品一般都能真正触达用户需求，帮用户解决问题。比如微信最初满足了线上通信的需求，拼多多满足了用户购买便宜商品的需求……这些能够触达用户需求，帮用户解决问题，具备自传播的基础条件。

（2）使用便捷的传播分享手段。便捷的分享传播途径，并不是指打通多个热门平台上的分享渠道。受现实条件所限，企业在打通主流分享平台，如微信、抖音等的同时，更要通过自身商品引导更为便捷的分享。比如抖音，虽然不能在微信平台传播，但通过视频内容的快速储存，实现了传播。从横向上看，还可以打通平台间的内容共享发布，同样是抖音，可以直接实现自身平台的内容转化分享，例如直接分享发布到今日头条。

2. 自主传播的关键

所谓自主传播，就是激发用户进行传播的欲望，提高传播水平。这时候，就要关注几个关键词：

（1）关注话题。每个人都存在一定的社交需求，而社交过程中会涉及多个话题。话题带来的传播，一般都非常迅速。所以借助话题，完全可以有效激发用户进行传播，最简单的便是紧跟时事热点，比如冬奥会、世界杯等。

（2）从众心理。从众是人们的一种普遍心理，受到外界人群行为的影响，个人就会在知觉、判断、认识上表现出符合公众舆论或多数人的行为方式，例如购买一些并不太需要的"网红商品"、打卡一些"网红景点"，就是典型的从众效应。如此，为了提高商品的传播效果，就可以创造话题性，激发人们的从众心理。

（3）提高用户参与度。所谓参与就是通过沉淀用户的行为，促使用户分享自身的成果。最简单的例子就是，DIY自制蛋糕或陶瓷时，多数人都愿意将自己的成果分享出去。因为自己参与了整个过程，付出了行动，产出的东西是自己的作品，融入了自己的感情。由此可见，参与感更容易激发人们的分享欲望。

（4）引导情绪。人们感同身受的情况，就可能产生分享的欲望；情绪平和，普普通通，很难激发人们进行分享。从这个角度来说，通过情绪上的引导，也能促使用户进行分享传播。比如用户通过网易云音乐，看到歌曲背后的故事，如果实现情绪上的感同身受，就有可能进行分享。

（5）超预期。所谓超预期，就是超越用户的预期。比如用户花了6元钱购买了一瓶红牛，额外中奖，再来一瓶，就是超预期。在超预期的场景下，用户分享传播将会变得更加简单。

3. 提升传播转化

激发了用户的自主传播欲望后，就可以想办法提升传播转化。因为仅进行传播，没有转化，本质上依然无法达到用户增长的目的。具体地说，传播转化涉及以下几个要点。

（1）易懂性。只要增加易懂性，才能降低被传播用户的接受门槛，也就是说，要让用户看得懂，得到分享内容中包含的信息点。比如展示形式图片往往比文字更容易让人关注；视频则更能表达内容，减少用户的思考。结合商品的具体情况，利用通俗的文案，让受众快速理解你的想法。

（2）互动性。所谓互动，就是搭建企业与用户之间的桥梁，更加精准地触达用户，使用户产生互动行为。将这一玩法玩得最精通的，当数拼多多。拼多多的"砍一刀"营销，促使用户通过自主扩散，获取降价、现金等直观收益，诱导他们进行二次传播。

（3）注意力。内容需要抓住用户的眼球，吸引用户的注意力。在信息爆炸的时代，用户每天接触的信息非常多，要想让用户关注你，就要抓住用户眼球。比如杜蕾斯文案，往往都能抓住用户的关注点，如2021年5月31日"世界无烟日"杜蕾斯的文案是"今晚很忙，没空抽烟"；2021年6月20日"父亲节"文案是"有所准备，再做爸爸。"

打造具有爆款潜质的产品

一颗珍珠,如果一直埋进沙里,没有出头之日,跟一堆沙子没什么区别;一个天才,不经培养,任其发展,若干年之后,可能跟普通人无异。产品也一样,即使这款产品天生就是爆品,不进行打磨,也会被埋没。企业发展初期,既没资金,又没资源,打造具有爆款潜质的产品,不失为一个非常好的市场突破口。

2016年小罐茶横空出世,凭借独特的商品创新和小巧的设计,让很多人都记住了"小罐茶、大师作"的宣传语。随后,它仅用半年就完成了1个亿的回款。上市两年后,小罐茶的年销售额突破20亿元,成为当年茶叶市场的最大赢家。小罐茶是如何做到的?答案就是,打造具有爆款潜质的产品。

爆品品类定位。中国不缺茶山,不缺好茶,也不缺优秀的制茶人,而是缺少真正高端的茶品牌。小罐茶瞄准这一品类机会,定位礼品市场:商务接待、人情往来。所以一半以上的小罐茶都是用于送礼。

爆品卖点创意。小罐茶另辟蹊径,以"人"切入:好茶的标准不在于茶叶本身,在于制茶的手艺人。小罐茶找到8位拥有"非遗传承"荣誉的制茶大师,打出了"小罐茶,大师作"的口号,制作了8款大师级商品,提高了小罐茶的品质和档次,同时这种对传统手工艺的传承和尊敬,也引起了目标用户群体的强烈共鸣。

爆品包装设计。小罐茶把包装做成铝制小罐装形态，并配以极致的撕膜体验和充氮等设计。每罐装 4 克茶叶，顾客在拿到商品后，只要打开一个小罐，就能泡茶，通过"一罐一泡"，小罐茶建立了新的行业包装标准。

爆品终端引爆。在众多门店中，小罐茶的店面以茶罐的排列，形成了独特、高端的品牌辨识度。并邀请苹果体验店知名设计师 Tim Kobe 参与设计线下专卖店。这些专卖店都开在最顶级、最繁华的商圈，例如北京的朝阳大悦城、上海的恒隆广场。

所谓"爆品"，就是品牌通过资源倾注，使某个单品或系列商品迅速得到市场关注，抢占用户心智，帮助品牌占领市场。

对于新平台的认知，用户需要一个切入点，爆品就是导入用户的切入点。只有让用户在最短时间里产生第一次交易，才有机会形成复购和留存，才会带来更多的销售转化。

爆品可以成为企业或商家的标志商品和明星商品，是企业的流量支撑来源。爆品本身不仅是自己卖得好，还能带来很多流量，通过关联销售给企业的其他商品起到快速引流的作用，带动销量较差的商品。企业完全可以通过爆品把其他商品一起盘活，提高客单价，最后实现销售额的提升。

爆品的特质

爆品商品的核心特质主要有：

1.具备让用户尖叫的品质

只有商品能够让用户尖叫，用户才会愿意花钱购买；只有商品研发的每一个环节都经过精心设计和打磨，才能一鸣惊人。好的商品不仅可以引起口碑，也能以最快的速度抓住用户的心。

2.具有引领时代的功能

如今，用户对商品的需求已经超过了商品本身。很多用户之所以会购买商品，更多的是为了体验和服务，为了迎合甚至引领时代潮流。商品有生命周期，随着社会的发展，流行趋势的变化频率逐渐加快，商品的生命周期大大缩短。因此，企业要想创造爆炸式商品，就要与时俱进。

3.可以满足用户的个性化需求

在百花齐放的竞争环境下，用户不再是商品的简单接受者和购买者，而是参与者，需求也越来越多。满足用户的个体需求并不是体现在某一个阶段，而是贯穿于整个过程，因此，无论是商品的生产、使用和营销，还是服务，都应该表现出不同的特点。

4.有醒目的Logo设计

很多商品都注重自己的Logo设计，Logo是一个企业重要的标识，市场上出现了太多独特设计的商品。比如苹果商品的Logo，是一只"被咬的苹果"；耐克的Logo是一个对钩；哇哈哈的Logo是一个戴帽的小孩等。

5.极高的性价比

性价比也是爆款商品的重要组成部分。性能越好，价格越低，商品的性价比也就越高。在保证利润率的前提下，想制造爆品，其价格要以容易打动用户来衡量。

如何打造爆款商品

1.商品的独特性

如果你的商品和别人的商品一模一样，尤其是市场上类似的商品太多，就很难成为爆品，要尽最大努力打造商品的独特性。

2.市场定价要适当。

商品都有市场价格，要去市场了解平均价格。如果你的商品有自己的特点，可以定价高一些，但不能太高，如果和用户的心理价位相差太大，就不会选择你的商品。

3.明确商品的适用人群

任何产品都不可能适合所有人，将产品应用于普罗大众非常重要。如果你不知道卖给谁、谁需要，那产品就只能是产品，而不是商品。

4.确保资金富裕

打造爆品，准备一定数量的流动资金非常必要。在商品销售过程中没有资金支持，会很麻烦。

5.升级商品包装

不要觉得商品好，就可以不在乎包装，记住：用户先入为主的印象很重要。好的包装能够让你的商品看起来很上档次，还可以让你将价格定得高一些；包装本身不上档次，是很难实现销售的。

总之，爆品的打造需要多维度发力，扎实做好每一步，所谓厚积薄发，商品才能具备成为爆品的潜质，才能有机会实现持续增长。

将商品玩出"高级感"

如今,品牌营销花样层出不穷。其中,与艺术结合在一起,借助艺术元素自身所携带的文化底蕴,能够让品牌的营销活动更有质感,让品牌形象更深入人心。这些让人赞叹鼓掌的宣传,背后渗透的却是品牌的思想创造力和创新力。下面我们就以华为 OceanStor Dorado 为例,来说明华为商品高级感的设计理念。

华为 OceanStor Dorado 全闪存商品,以其快、稳、高安全为用户提供全新的商品体验,极大地降低设备安装部署时间,实现整柜交付、开箱即用,自动完成初始化配置,一步完成资源分配,提升运维效率。

获取用户诉求和商品特性。在设计前期,结合市场与商品对用户诉求和商品特性进行分析,得出了用户对快速部署安装、清晰的信息展示、快速信息获取、故障准确定位、智能化等方面的综合体验诉求,用户在购买和使用过程中,可以感受到 OceanStor Dorado 的高级感。

使用该商品,用户可以获得这样的体验:第一,拿到商品后,能够快速地实现应用,无论是硬件阶段,还是软件阶段;第二,使用过程中,能够"找得到,看得懂";第三,处理事情时更高效;第四,智能化,不需要人为地做大量的分析,系统做出分析后,会给出解决建议或实时方案，用户只要做决策即可。简而言之就是，开箱即用、信息一眼识别、无界运维、智慧场景。

认知的差异性必定会带来不一样的评判，不同的用户对"高级感"的标准也不太一样。通过对商品的使用与接触，可以唤起用户对美好事物的向往，激发兴趣、快乐、怀旧、浪漫、满足、惊喜、舒适等情绪或情感，这就是商品的高级感。

从市场的角度来看，高级感可以给用户营造更多的消费动机。比如平时你穿的鞋一般都是100元左右的，这时候突然有人告诉你，这里有一双更高级的鞋子，舒适透气，价格是200元。你觉得不错，果断下单。结果这双鞋穿了没多久，又有人告诉你，还有一款鞋子又高级又新潮，穿上就是高级潮人，但价格稍贵一些，800元……这时候，你可能会再次购买。可见，给用户制造高级感，就能调动用户的消费欲望，最后让他掏腰包。

当今时代，不仅是一个消费升级的时代，更是一个重视艺术感、高级感的时代。在品牌营销的过程中，注重对商品艺术感的打造，才能让品牌在用户心智中更加快速地形成"高级感"认知。

消费升级对商品提出更高要求

近年来，很多人都听过一个词——"消费升级"。所谓的消费升级，其实就是用户的需求层次出现了变化，对于品牌和商品拥有了更高的要求。马斯洛需求层次理论告诉我们，人的需求从低到高依次分为生理需求、安全需求、社交需求、尊重需求和自我实现需求五种。消费升级，也就是用户开始从"生理需求和安全需求"转向"社交需求、尊重需求、自我实现需求"。

该转变体现在商品市场中，最直观的变化就是用户在购买商品时，不再只关注商品的实用价值，更加重视外观设计是否时尚、商品是否具备艺术感、能否成为社交媒介……人们开始追求实用价值与审美价值完美结合的商品，由此，实现商品与艺术的融合，也就成了如今品牌需要思考和践行的问题。

打造商品的高级感

吴冠中先生说过："文盲不多，美盲很多"，对于创业者来说审美的能力是必需的。要想将艺术和高级感更好地融入到商品中，企业就要重视以下几个方面的内容：

1. 重视色彩搭配

如何进行色彩搭配，才能体现恰到好处的高级？回想一下，在日常生活中你认为高级的颜色是什么样的？是高饱和视觉冲击力强的，还是低饱和略显稳重的？

高饱和度配色，给人一种脱离自然的鲜艳感，如果在颜色里渗入灰色或白色调，就能减弱原本的艳丽和凝重感，同时还能给观者更加柔和的感受，而这个柔和的感受就是多数人潜意识中认为的"高级"。举个例子，无印良品一直选用黑白灰作为品牌的主流颜色，他们喜欢用留白让商品显得更"高级"。此外，无印良品还掌握了颜色之间的黄金比例，这是真正决定一个商品是否具有高级感的因素。

而用低饱和颜色作为商品外壳，可以使整个商品看起来更扁平一些，不那么突兀。相对于电子商品来说，浅色的外壳还能有效阻止机器内部能量的散失，可以衬托任意的图形和色彩，集中视线造成空间的层次感，能给人以联想。所以在创新商品时，也可以尝试使用让人感到轻松的低饱和色。

2. 处理好细节

对于细节的处理，足以展现一个商品的品质。比如苹果的品牌形象，一直都是"高级"的代表，原因何在？因为除了硬件方面的严格把控、对系统的深度优化，苹果设计师对于细节的追求在无形中也提高了它的身价。

3. 强化视觉认知

高级感的营造往往是深远的意境、极简的表达和极致的细节追求。而能够为用户呈现艺术性认知最直观的方式，一定是通过视觉。因此，想要提升品牌的艺术感，可以借助以下几种方法来优化用户的视觉体验。

（1）借助颜色和艺术元素。每种色彩都会给人不同的心理感受，品牌可以借助色彩，打造商品的"高级感"。在选择色彩时，最简单的方式便是从名画或艺术品中提取颜色，进行优化。此外，还可以通过加入艺术品的图案和花纹的方式，增加商品的艺术感。

（2）合理使用留白。留白，也是增加商品"高级感"非常有效的一种表现手法。恰当的留白可以更加突出主题内容，让重要的信息更准确地传达。很多时候，信息和元素越多就越难把握，要多做减法，避免无意义的视觉元素堆砌，降低次要元素的存在感。利用合适的留白，能让商品更具高级气质。

（3）重视工艺和材质。善用工艺与材质，同样能让你的商品高级感满满，合适的材质也是营销的方向之一。比如手机外壳有金属的，还有陶瓷的，这甚至可以弥补设计上的不足。

（4）创新展示方式。比如小肥羊推出过一个广告片《寻味之旅》，将食材拍成了山水画，让人耳目一新。

4. 与艺术平台或艺术家联手

艺术是追求个性的，也是充满无限可能的。艺术作品通常具有很强的感染力，能让人自发地感受画面中、音符里、商品里的情感与文化，这种氛围营造的代入感非常强烈。将商品与艺术结合，能更直观地让欣赏者感受到其价值。在品牌与艺术的跨界合作中，品牌举办或赞助艺术展是近几年常见的一种合作方式。为了提升品牌形象，很多国际时尚奢侈品都热衷于介入文化艺术项目。例如卡地亚、LV、古驰等品牌，都成立了自己的艺术基金会或艺术中心。而且几乎每年各种大型的时装秀上，这些品牌都要与一些艺术家展开跨界合作。很多品牌还会选择与知名艺术家合作，打造极具"高级感"的商品。

第 5 章

跨界：用创意规避同行竞争

不懂营销，创业不成

跨界，可以拓展企业的营销之路

现如今，品牌需要多方维持和创新，才能持续提高知名度，跨界营销也就成了诸多企业或品牌的突破点。

RIO 是国内新兴的鸡尾酒品牌，深受年轻人的喜爱，也成为众多老品牌联名的常客。比如与六神合作推出的"花露水口味"鸡尾酒。两个原本毫无关联的品牌，进行跨界合作，产生了积极的化学反应，上架 17 秒，就将 5000 瓶六神花露水味鸡尾酒全部售罄；更有甚者，商品还未上线就有人高价求购空瓶，营销被推到了高潮。

六神花露水和 RIO 的这次跨界合作，通过别样的创新方式，成功激发了用户的猎奇心理。花露水搭配潮流元素，改变年轻人对六神的品牌印象，创造出更多与年轻人的交集，扩大了年轻市场，带来了新的客群，实现了共赢。

为了追击年轻消费圈层，RIO 还与主打生发商品的霸王联名，通过魔性的广告内容以及有趣的商品设计理念吸睛，推出联名商品"够奇特"和"能出圈"，再度吸引用户的好奇心，达到了品牌传播的目的。此外，RIO 还在相关的公众号文章设置福利，驱动用户在会员中心发布截图参与活动，构建专属的私域流量池。RIO还在文末设置福利，引导用户进入会员小程序参与"祝你熬出头不秃头"的活动，鼓励用户与品牌互动，引发了二次传播。

在跨界营销越来越有新意的状况下，各企业都观察着彼此之间的关联。充分发挥想象力，打造吸引目光的跨界商品，就能在短期内获得大量的潜在用户。跨界营销的妙处在于，你始终都猜不出哪两个品牌会开展合作，但当两个商品关联在一起的时候，就能形成互相引流的功效，实现互利共赢的效果。

回顾一下大白兔近几年的营销发展脉络，我们发现，大白兔的成长也跟跨界思维的运营密切相关。

2004年，大白兔母公司冠生园集团在央视黄金时段投放广告，借助媒体平台唤起大众对大白兔奶糖的记忆。

2009年，大白兔正式将广告词改为"快乐分享"，正式拉开了情感体验式营销的序幕。

2015～2017年，和时尚品牌agnes.b联名打造大白兔奶糖礼盒装。

2016年，和国家博物馆打造文创礼盒；和太平洋咖啡合作，推出大白兔奶味拿铁。

2017年，和巨人网络合作网游《环球大作战》。

2018年，大白兔与美加净合作生产的大白兔润唇膏，在社交平台引发话题效应。

2019年，大白兔和气味图书馆合作，推出大白兔奶糖味香氛、沐浴乳系列；与太平鸟旗下乐町合作，推出印有大白兔Logo的服饰。

俗话说"三个臭皮匠，顶个诸葛亮"。这句话告诉我们，一个品牌在市场中单打独斗，一定比不上几个品牌一起合作去打拼。为了打开更多的市场，获取更多的用户，企业就要通过跨界来达到这个目的。

简单来说，"跨界"就是将原本相邻的、相悖的，甚至没有关系的元素进行渗透或融合，给品牌打造一种纵深感，吸引不同的受众参与，为企业创造更多的商业机会和价值，其好处如下：

提高品牌知名度。可以借助合作企业或品牌的知名度，提高品牌的曝光和影响力。

扩大市场占有率。可以帮助企业将自己的品牌推向更多的新用户，开拓市场，扩大市场占有率。

整合优质资源。可以促进企业之间资源的紧密整合，实现品牌价值的最大化利用。

降低市场营销成本。可以实现双方的资源共享，分摊营销成本，从而降低单方的市场营销成本。

各企业的商品销售渠道不同，覆盖的群体也不同，采用跨界营销，就能借用双方的渠道资源覆盖到更多的目标人群。把原本毫不相干的元素进行融合渗透，就能获得目标用户的好感，实现双赢。

跨界营销的优势显而易见，那么，怎样才能把跨界营销做得使受众满意呢？

1. 打破常规，出其不意

市场竞争日趋激烈，老套的销售方式已经无法吸引用户的专注力，必须打破常规，以平常人所意想不到的方法去触动用户，不论是在感官上，还是体验感上，都让用户产生耳目一新的感觉。

要想提高跨界营销的效果，就要打破传统式的营销思维方式，寻找非业内的协作创新点，充分发挥不同商品的协同效应。

2. 找准定位，选好合作伙伴

在开展跨界主题活动时，需要对目标消费人群做深层次的市场调查，详细分析本身及其合作者的用户群体，了解他们的消费习惯和品牌应用习惯，以此作为寻找合作伙伴的依据。

比如2019年《权力的游戏》最终季播出，奥利奥趁此机会，出尽了风头，用2750块奥利奥饼干完美复刻了《权力的游戏》标志性片头，虽然只有50秒，却取得了震撼的效果，堪称一部营销巨作。在一个全球性的热点 IP 加持下，奥利奥获得了巨大的曝光和关注。此外，奥利奥还特意定制了联名款商品，在每款饼干上都特别附带了一个图案，代表剧中的一个家族……通过这波操作，奥利奥确实赚足了眼球。

3.情怀营销，设计品质

为了打造"酷"的形象，吸引更多的年轻用户，优衣库与 KAWS 联名合作的 T 恤，遭到哄抢，一时间挤上热搜头条。联名款的火爆离不开"IP 热"与"粉丝经济"，跨界合作的前提是基于粉丝对品牌的认同感。二者有机结合起来，就能连接创意到消费，实现目标用户的情感共鸣，释放出最大的品牌价值。给用户带来更多新鲜感，给品牌带来更多流量和用户，增加品牌的竞争力。

捆绑销售是很好的跨界营销

将多个商品"捆绑"起来，进行促销，往往能放大商品利润。现实中，这样的例子随处可见：

超市销售"买牙膏送牙刷"的套装；

电信营业厅，"充话费送手机"的业务；

网络下载，明明只下载了一款软件，结果电脑上却多出几款如"××网游""××杀毒"等软件。

其实，这些都运用了捆绑销售的手段。

捆绑销售是共生营销的一种形式，指两个或两个以上不同种类的商品通过组合打包的形式进行捆绑销售，或是两个及两个以上的品牌在促销过程中进行合作，可以扩大商品的影响力。

捆绑销售是帮助企业或商家实现收入目标的一种有效方法，将互补商品结合在一起，给予折扣进行出售；也可以采用不同的方式对商品进行包装，或用礼品盒包装，或用特殊的包装。

对于公司或品牌来讲，捆绑销售一方面可以帮助其占领更多的市场份额，增强彼此在用户中的影响力，提高用户的购买欲望，增加商品的销售量。另一方面，相对于单独推广某一类商品来说，捆绑销售则可以降低投入。

对于刚推出的商品来说，通过捆绑销售的方法，还能增大用户对其的接受程度，降低风险。

对于用户而言，合理的捆绑销售，一方面可以带来价格的优惠，另一方面无论是同类商品捆绑销售还是互补性商品捆绑销售，都能在一定程度上降低用户在选择上花费的时间。

当然，并不是所有的企业的商品和服务都能随意地"捆绑"在一起。要想取得最理想的捆绑效果，还要满足以下几个条件：

1.捆绑销售商品的互补性

联合捆绑销售的商品最好是互补的商品。商品的互补性越强，用户越有理由在购买一件商品的同时，需要另一种商品，这样就能消除"强行搭配"之嫌，让捆绑的优惠促销更容易被认可。反之，使用替代商品，用户在选择其中之一的同时，一般不再需要另外一种商品，两种商品在一起销售就会存在无形的阻力——浪费部分用户的钱。所以，捆绑销售的两种商品最好是互补的，至少也应该是独立品，决不能是彼此竞争的替代品。

在捆绑销售中，互补商品具有两个特点：

（1）他们在销售中被联系在一起或可以被联系在一起；

（2）他们对彼此的竞争地位有显著影响。

2.捆绑商品目标用户的重叠性

在捆绑销售中，两种商品的目标市场应有较大交叉的部分，才能保证两种或几种同时捆绑的商品是目标用户所需要的。如果捆绑商品的消费群不同，只有不同的用户同时购物并达成均摊的协议，才有可能实现销售，但这种概率微乎其微，多半都无法得到捆绑的效果，反而会造成用户的流失。

3.商品价格定位的同一性

按照职业、收入、财富和教育水平等的不同，可以划分出不同的消费人群。处于同一群体内的人，具有相近的行为标准和价值观，购买能力和方向也是相似的。所以，进行捆绑销售的相互促进，依赖于两个商品都能满足这个需求层次的用户需求。

跨界营销要实现"1+1＞2"

两个或两个以上的品牌或品类，根据不同的用户群体之间所拥有的共性和联系，相互渗透，相互融合，就能给各自品牌带来立体感和纵深感，获得用户的好感，取得"1+1>2"的效果。

2020年，螺蛳粉品牌"好欢螺"和零食品牌"绿箭"合作，推出了限定礼盒，配以"一箭倾心，臭味相投"的文案，利用绿箭在零食界的影响力和品牌知名度，不仅扩大了市场，还吸引了用户的注意力。

好欢螺抓住螺蛳粉"臭味"这个记忆点进行广告创意，绿箭则是利用"清新口气"的诉求打动用户。两者截然相反，却又能一拍即合，在味觉上关联起来。吃完重口味螺蛳粉后，嚼一颗绿箭口香糖，让口腔即刻清新，以此构建出一个真实的场景，潜移默化地占领用户心智。

看似风格不同的两个品牌之间只要找到相同的契合点，进行合作，就能提取各自优势，放大品牌影响力。好欢螺和绿箭的此次跨界营销，结合了各自品牌调性，并围绕各自商品特点和消费场景展开，更贴近用户，形成了良好的营销效果。

再举两个例子：

案例1：

《梦华录》是2022年影视圈的爆品。而随着这部电视剧的爆火，喜茶果断出击，推出了《梦华录》联名主题店，并正式上新了剧中联名款茶饮，分别是紫苏·粉桃饮和梦华录茶喜·点茶，第一天就售出大约30万杯，一度冲上了文娱热搜榜第四，在联名店品尝这样一杯饮品，仪式感和满足感爆棚。

案例2：

2022年4月，瑞幸咖啡与椰树集团合作推出了新品椰云拿铁，除了椰树椰汁"34年来首次跨界合作"的噱头之外，最大的亮点是采用了椰树同款经典配色的杯套和纸袋。虽然样式比较"土"，但椰树椰汁PPT式的包装历久弥新，依然受到了人们的追捧，迅速斩获网络热度。

对于企业和品牌而言，跨界是极好的尝试机会，一次好的跨界，不但能共享两个品牌的流量，还能在提升品牌形象的同时，给用户带来新的体验，也为品牌的发展带来更多的可能。跨界营销绝不是简单的联合促销，而是要正确把握跨界营销的方法，注重市场定位、把握用户心态、真正做到创意营销，才能实现合作双方的共赢。

在营销机制趋于成熟的背景下，各品牌都希望通过跨界来吸引用户的眼球，但五花八门的跨界往往让人应接不暇，也容易让用户出现审美疲劳，那么为了避免这些现象，应该怎么做呢？

1. 提高营销效果

（1）明确跨界的目标。品牌要想做跨界，首先要明白跨界的目标是什么，想要传递的品牌理念是什么。无论是长期目标还是短期目标，获得用户的关注，构筑品牌的价值资产，都是跨界营销不变的立足点。

（2）选择互相契合的品牌。要想提高跨界营销的效果，就要保证品牌的调性相契合，找到品牌之间的共性，不能一味地只追求流量。例如，高铁和奶茶合作，形成了全民热议的话题，就能保障跨界的话题度与关注度，以相契合的品牌调性达到了双赢的效果。

（3）不断创新突破。对于企业来说，无论是在选择跨界对象、合作方式还是营销上，都要不断尝试突破。

2. 好的跨界营销都能"共通"

（1）品类与定位的共通。举个例子：追求"速度"的超跑品类，与定义"时间"的腕表品类，在用户心智中一直都有着天然的认知关联。从2011年开始，顶级超跑品牌法拉利与顶级腕表品牌宇舶开始达成战略性合作，将法拉利的设计元素融入宇舶腕表之中，共同打造了"速度与激情"的传奇，深受跑车爱好者的追捧。二者相得益彰，既契合了各自的品类，也共同夯实了"奢华"的定位，强化了在用户心智中的认知。

（2）潜在消费人群的共通。农夫山泉与网易云音乐联合打造了"乐瓶"合作款，在农夫山泉瓶身上印有网易云精选的乐评，触及到更为广阔的潜在消费人群。借助农夫山泉在下沉渠道的优势，网易云触及到了下层市场的用户；借助网易云的属性优势，农夫山泉赢得了更多音乐深度爱好者的好感，最终两个品牌在销量上都实现了业绩的突破，农夫山泉的销量超6倍达成，网易云音乐App的下载量也成倍增加。

（3）场景的共通。举个例子：冷酸灵与网红火锅"小龙坎"开展跨界营销，共同推出的"火锅牙膏"一时爆红网络，其成功的秘诀在于实现了场景上的共通。吃完火锅后，食客就会联想到清洁口腔。"火锅牙膏"将吃火锅的场景与清洁口腔的场景巧妙地联系在一起，通过跨界合作实现了场景的融合与联动，既打造了年轻好玩的调性，也进一步夯实了"抗牙齿敏感专家"的定位。

3. 不要走入跨界营销的误区

跨界营销要想取得"1+1>2"的效果，就要注意以下两个方面：

（1）不是所有企业都能做跨界营销。处于起步初期的小品牌并不适合跨界营销。首先，品牌处于起步初期阶段，主要工作是明确品牌的定义与边界，长期持续地向用户传达一致、清晰的信息，在用户心智中建立认知，即我是做什么的，我能给你什么。其次，如果合作双方都是小品牌，缺乏品牌自身流量与资源投入，就无法博得关注度。小品牌的自身流量有限，无法激发公众的好奇心，也就难以吸引公众的关注；同时，小品牌的营销资源也相对有限，与成熟品牌相比在流量上存在明显劣势，难以在竞争中突破重围。

（2）不能盲目做跨界营销。盲目、过度地开展跨界营销，会稀释品牌在品类中的主导性。真正强大的品牌都是某一品类的代表。跨界营销并不是激活品牌活力的万能药，单纯想通过开展跨界营销重获关注度，而忽视品牌在品类中的主导性，终将得不偿失。

记住，跨界营销并不是简单地将两个毫无关联的品牌强行拼凑在一起，通过脑洞大开，制造争议引发关注。一些跨界营销案例之所以取得成功，关键还在于找到了双方的核心共通点。基于核心共通点，发散创意开展跨界营销，才能相辅相成，才能实现"1+1>2"的效果。

商品如何"捆绑",才更有利

如今,越来越多的企业热衷于捆绑销售,这也为企业带来了更多效益,因为将正确的商品搭配捆绑在一起,确实能提高商品的销量。

捆绑可以帮助提高用户眼中商品的感知价值,例如如果以"第二件半价"对商品进行推销,用户就容易被折扣价格吸引,更有可能进行购买。

最重要的是,商品捆绑还可以帮助提高平均订单数量,实现更高的变现金额。那么,如何捆绑才更有利呢?

1. 选用正确的捆绑方式

根据捆绑商品的关联程度与对等程度的不同,商品捆绑的分类也会大不相同,概括起来,主要分为以下几种:

(1)同一商品捆绑。即整体销售,是指将两个及两个以上完全相同的商品结合在一起进行出售。这种类型的捆绑销售基本上是为同一商品创建捆绑交易的。如果买家经常性重复购买一件商品,他们就有可能一次性购买多件,以节省重新下单的时间和精力。比如三个装、六个装,如此总售价会比分别单独出售个体商品的价格低,其实质就是以数量换折扣。

(2)同类商品捆绑。即套装销售,是指将两个及两个以上使用价值相同、但在型号、外观和样式上存在差别的商品结合在一起进行出售。比如将雪碧和可乐结合在一起组成套装。

（3）相关商品捆绑。是指将两种及两种以上在使用条件和用途上具有关联性的商品结合在一起进行出售。比如牙膏和牙刷进行捆绑销售。

（4）非相关商品捆绑。是指将两种及两种以上完全无关联的商品结合在一起进行出售。比如玩具和手机配件捆绑销售。

（5）对等捆绑。是指两个及以上捆绑在一起的商品属于对等关系，即彼此互相依赖、互相促销。比如衣服和裤子捆绑销售。

（6）主辅捆绑。即搭配销售，是指两个及以上捆绑在一起的商品是主辅关系，但是一个功能强，一个功能弱。比如空调与风扇捆绑销售。

（7）附赠捆绑。即赠品促销，是指为促进某一类商品或者某一个商品的销售，向购买者提供一定的赠品，且赠品不需要支付费用。比如蛋糕与蜡烛、纸盘进行捆绑销售。

2. 采用恰当的捆绑策略

如果用户的购买能力和消费环境等保持不变，捆绑销售策略的有效实施取决于在同等支出条件的前提下对比单独购买的商品、捆绑组合能否有效满足用户的需求、能否使用户认同和愿意购买捆绑商品。因此，捆绑销售的有效实施应做好以下几方面。

（1）针对相关商品或配套商品进行捆绑。用户购买捆绑商品的动因之一，就是为了降低满足某一消费需要而分别购买各种商品所花费的时间、体力和精神成本。因此，企业应尽可能地将能够满足用户同类需要或者在使用上具有配套性、兼容性、互补性的商品捆绑在一起，满足用户的需要和降低用户的获得成本，吸引用户购买。首先，企业将无关商品（如牙膏与电话机）或非配套商品（如接口不统一的灯具与灯泡）捆绑在一起销售，不仅无法满足用户的需要，还会使用户反感；其次，将毫无关联甚至互相排斥的商品（如保健品与卷烟）捆绑在一起销售，还会对用户造成心理伤害，遭到用户抵制。

（2）与同档次商品或同级别企业进行捆绑。企业内部捆绑商品时，无论是自己生产还是委托其他企业代工，无论是同一品牌商品还是不同品牌商品，都要保证捆绑的商品具有大致相同的档次或质量水平，树立统一的捆绑商品形象，吸引恰当的目标用户购买。捆绑商品品质水平差别较大或捆绑企业实力差距悬殊，不仅会模糊捆绑商品定位，失去用户，还可能破坏高质量一方的形象，影响该商品在独立市场上销售影响企业价值的实现。

（3）明确捆绑组合商品定位。用户的年龄、性别、职业、收入、文化程度等不同，其购买行为和对象存在很大的差异。捆绑组合商品，就要明确自身定位，针对同一目标用户进行捆绑，吸引有效目标用户购买。因此，捆绑在一起的各个独立商品的目标用户应一致或接近。差别较大，不仅会造成捆绑商品定位和形象模糊，还可能造成浪费，最终浪费投入、失去用户。

（4）合理设置参考或对比商品。在设置捆绑商品时，应至少包含一种价格信息不明或不易对比的商品，能有效地促进新商品的销售，比如一些化妆品就会捆绑销售一些试用装，一些酒类也会捆绑销售一些"内部试喝"商品，引导用户的消费认知与选择。

第 5 章 跨界：用创意规避同行竞争

好的营销：承担使命，传递爱

企业具有经济属性与社会属性，践行社会责任、参与和推进可持续发展也是其必然的生存与发展路径。这也是很多优秀企业一直将社会责任根植于其战略和运营的根本逻辑所在。

在过去的 3 年多时间里，我们经历了特殊时期的艰难，但身边的守护者让我们感受到了最强大的力量，他们就是医护人员、外卖员、志愿者和其他的一线工作者。他们都是热爱生活、热爱工作的普通人，却用热爱与坚守、责任与初心，成就了更多的不平凡。

经过大家的不懈努力，疫情带来的影响已经不再严重影响到我们的生活，复产、复工、复学……平静生活秩序也正在有条不紊地恢复。在全面进入后疫情时代的社会大基调之下，为了表达对英雄的致敬，百事通过其自身的品牌影响力，跟人民日报新媒体合作，打造了一次充满人文关怀的特别"跨界联名"活动。用完全不同的方式向平凡英雄致以崇高敬意，为他们打造了专属的"热爱发声"舞台。

在百事推出的限量罐的瓶身上，共表达了对 4 种不同职业守护者的致敬：

勇敢逆行——用生命呵护生命

创造不凡——没有生而英勇只是选择无畏

挺身而出——没有天生的英雄只有挺身的凡人

无惧安危——你不是一个人在战斗

在这次联名营销的商品设计中，包装罐一改百事品牌经典的全蓝色背景，加入了象征着奉献与热情的红色，同时，采用《人民日报》经典的"报纸色"，参考报纸的排版模式，形成了百事可乐与《人民日报》相结合的独特风格。

在内容上，百事可乐将具有代表性的4种职业的"热爱"故事，刻录在百事可乐罐体上，打造出一版限量联名可乐罐礼盒，将满满的正能量通过罐身传递到生活的每个角落，对人们产生了精神上的鼓舞，产生了积极的影响。

同时，两者还共同推出了"热爱守护者"小程序，用户完全可以选择自己的热爱标签，生成分享海报。这种致敬方式异常新颖，引发了广大用户、尤其是年轻用户的积极参与。

在这种互动与体验中，用户对平凡英雄有了更感性的了解。人们通过分享热爱故事表达了自己的敬意，同时也感受到了具有权威性的《人民日报》和百事可乐在向社会传达一种积极向上的价值观，鼓励大家致敬守护者，为"热爱"发声。

在特殊时期对平凡职责的坚守，让我们看到新世纪青年身上散发出来的责任感。"人民日报新媒体 × 百事可乐热爱守护者"主题联名，让"热爱"升温，彰显了品牌一直坚持的担当与责任。相信在未来，更多品牌依然会承担起更多的社会责任，积极传播和弘扬正能量，鼓励更多的年轻人传递热爱、表达热爱。

第 6 章

场景：打造沉浸式消费体验

不懂营销，创业不成

找到商品的有效营销场景

现在，场景化营销已经成了企业的新武器，不仅营销转化率极高，也不会对非目标用户造成较大的干扰，信息爆炸时代可以更好地实现营销目的。

2016 年，农夫山泉七款商品被指定为 G20 峰会专供饮品。其中，4L 装天然矿泉水为后厨指定用水。之后，农夫山泉利用这个机会为桶装水制造出了"做饭用水"的卖点。还拍了系列广告片，宣告正式进军家庭生活用水和后厨用水。

2017 年，为了抢占桶装水市场，农夫山泉专注家庭生活和后厨这两个用水场景，推出了"15L 一次性桶装水"。

农夫山泉邀请 G20 峰会国宴大厨担当代言人，打出了"做饭用农夫山泉"的概念，塑造了"好水才能煮出好饭"的观念。

此外，农夫山泉还推出了运动盖的学生水。通过设计独特的瓶盖，孩子只要用一只手，就能实现喝水。瓶盖内设有专利阀门，只有在受压情况下，才能成功开启。一旦开盖，无论是侧翻还是倒置，水都不会流出来。

同时，农夫山泉还跟支付宝和共享单车合作，进行跨界营销，推出了"共享天然，绿色出行"的主题活动，设计了一组画风极富喜感的生活场景海报，涵盖了骑车、健身、游戏、带娃、挤地铁等五种生活场景。

农夫山泉巧妙运用场景营销的手法，创造了新的消费场景概念，是产品力与营销力的完美呈现。

在新时代营销中，场景化营销发挥着重要作用，不仅可以提高营销转化率，还能提高用户体验。

主做家居商品的慕思洞察到都市人经常熬夜、睡眠有障碍的现状，在工作节奏最快的城市之一深圳，推出了纪念款床垫。这款床垫将都市生活场景中使用频次最高的电梯作为触达年轻人的入口，运用趣味性的互动场景，独具商品特色的包装设计，打造了一场精准营销，迅速提升了品牌声量，做到了与用户零距离的沟通。

为了有效的营销场景，慕思在深圳中心地段，打造了一片创意休息区，并贴上情感语录："累了就来靠一靠吧。"工作休息时间，职场人士就可以来这里休息一下，感受到一丝慰藉的同时与商品产生了共鸣，一个有温度的品牌形象就在用户的心中悄然建立起来。

以营造场景的方式去吸引用户，不仅能增强代入感，还能为服务打造亲切感，同时把商品融入场景，唤起用户的诉求。那么，究竟什么是场景营销呢？

首先，我们来看一下场景是什么。场景是一个电影术语，是特定时间和特定空间下人物活动、思想、情绪的具体展现。作为一种营销手段，构造场景可以让用户感受到更多的商品价值，从而征服用户，获得更多回报。

所谓场景营销，是指针对用户在特定场景中具有的心理状态或需求进行营销，有效地达到企业的目标；场景营销最重要的是引发情绪而不是传递信息，关键是"引发用户购买情绪"。简单来说，场景营销就是在对的时间、对的地点，为用户提供对的信息和服务。那么，对于企业来说，如何辨别哪些情景下可以进行场景化营销呢？

概括起来一共有 3 种场景可以进行场景化营销，分别是：

1. 注意力场景

注意力场景，是指在用户专注时进行广告投放，让广告内容进入用户的大脑。

用户的注意力都是稀缺资源，只瞥一眼广告，用户多半都记不住该广告，要想将这种场景利用起来，可以采用两种方法：

（1）创造注意力，把广告做得不那么像广告。软文就是最常见的形式，其主要是通过敏感的话题吸引用户注意力，然后把想要传达的内容展示出来。这时候，虽然本质依然是广告，但是变得很生动有趣。例如，杜蕾斯的广告本身就带有一定的娱乐性，用户自然就愿意将自己的注意力放到它的宣传上。

（2）利用现有的注意力资源。例如信息流广告，在用户浏览、阅读量大的内容中插入广告的形式，在新闻平台、社交平台、浏览器、今日头条等出现的广告，就是这种类型。还有影视植入，只要直接添加一条剧情，就可以为不同剧情插入不同类型的广告。

2. 兴趣场景

兴趣场景是指，用户可能会需要这类商品的场景。

这种例子在传统行业里有很多，例如酒店房间里的矿泉水、方便面，就能引起用户的兴趣；在商场的一些角落配置按摩椅，也能吸引一些顾客的兴趣。

3. 需求场景

需求场景要比兴趣场景更强烈，因为兴趣场景面向的是潜在用户，需求场景面向的是准用户。最常见的就是搜索，用户在网上或手机上搜索某个关键词，就说明他们早已有这方面的需求了，用户会主动找你，而不是你找用户。

例如用户在知乎上搜索"中考"时，是想了解一些跟中考有关的信息。这时，免费信息和付费信息都可以解决这个问题。所以，知乎会在搜索栏中优先显现相关的话题。具体效果我们暂且不提，但确实是针对用户的明确需求进行的营销。

第6章 场景：打造沉浸式消费体验

为用户搭建新的营销场景

在深圳有一家非常火爆的湖南土菜馆，名为"农耕记"。

在创立之初，农耕记就有一大愿景，就是"把湖南乡下菜，在深圳城里卖"。

农耕记主打"山里菜"，食客只要一进入农耕记，就能感受到扑面而来的农耕文化。

为了打造真正的"原味""土味"湖南，老板特意从湖南老乡家里淘来了门窗，还有特别设计了土特产堆头，别样的原生态风情，成为很多用户打卡的拍照场景。

在包房内，也延续了大厅的原生态风格，木桌、木椅、木壁画框、竹制吊灯……每个细节都在讲述"农耕"故事。

从门头、土特产堆头到空间装饰与主题明档等，农耕记勾勒出了一幅袅袅炊烟的乡村景象，这种沉浸式的消费场景，让用户享受其中。

农耕记的消费场景打造，是对其"湖南山里菜"定位的延伸与表达，充分迎合了现代都市用户返璞归真的需求，用户可以充分感受到商品背后浓郁的文化和品牌的温度，加深对品牌的记忆。

个人的情绪和感受一般都不会无缘无故地产生，基本上都要受到某些场景刺激，继而催生出各种情绪。因此，重现情绪产生时的场景，就能快速激发用户的情绪。生活中的记忆大多都是由场景中的各种片段和细节组成，我们虽然记不清前天晚上在餐馆吃的是什么，但可能对餐桌上的某个图案记忆犹新。描绘场景中的细节或独特点，就能唤起情节记忆，引发受众的联想。

用户在生活中想起商品是有固定顺序的，只有身处某种情景，才会产生某种需求，进而想到需求的解决方案，进而想起品牌。比如，上班途中，某人错过了公交车，为了不迟到拿到全勤奖，就会打开滴滴。运动时肚子饿了，想吃点东西先垫一下，但又不想吃太饱，就会想到士力架。

场景的重要性由此可见一斑。那么，如何构建场景感呢？答案是：以用户体验为核心，走进他们的生活和工作场景，并模拟这些场景，发现痛点，寻找机会点，然后设计商品、服务和特定的体验场景。

营销场景搭建的分类

营销场景的搭建，主要分为以下 3 类。

1. 空间层面的场景搭建

这是场景搭建的基础层面，一般指的是店面设计、营销路线等"硬件"设置。企业首先要为用户提供一个使用商品的空间，完成用户基础的功能性需求；中级与高级的场景，则会结合品牌定位、用户喜好等维度进行深度设计，为用户提供一个相对具有设计感的体验空间，比如宜家。

2. 时间层面的场景搭建

通常指的是针对不同的营业时间段、不同的经营业态而搭建的场景。例如一些全时段运营的商家，会在不同时段给予不同的灯光照明，营造不同的氛围。比如白天的冷光有利于人们提神静气，夜晚的暖光有助于人们在辛劳了一天后放松下来。

3. 心理需求层面的场景搭建

目前，很多商家都已经完成了空间与时间层面的场景搭建，而对心理需求层面的场景搭建相对薄弱。心理需求层面的营销场景搭建，通常来源于商家对用户更深层次的洞察。首先，它可以是针对某一特定需求而生的场景。例如根据商务会谈需求搭建的咖啡厅场景。其次，可以通过服务系统的升级来提升体验。例如机器人餐厅，很好地满足了人们的猎奇心理。所以，根据消费心理搭建场景时，不仅要精准锁定餐厅的目标受众，还要深度分析用户的喜好、需求等心理特征。

搭建场景的方向

好的营销场景能提升营销吸引力，引导用户主动参与，提高消费体验和转化率，进而增加品牌美誉度。那么，企业该如何搭建营销场景呢？

1. 解决消费痛点

痛点与消费诉求，是驱动用户产生购买行为的根本因素。该结论同样适用于营销场景的打造。从用户痛点与诉求出发搭建的营销场景，往往更能激发用户的消费欲望，促使他们做出购买行为。

> 为了吸引用户，音乐酒馆品牌"胡桃里"会不定期地举办一些品酒会活动。
>
> 为了让酒会更具吸引力，胡桃里从用户角度出发，为每场酒会都冠上了主题，例如针对闺密聚会的"闺密之夜"、特意为情侣举办的"红酒情人节"，以及为广泛人群举办的"葡萄酒分享日"等。
>
> 为了呼应不同的主题，胡桃里为品酒会设计了不同的场景。在这些精心装点的场景中，灯光宜人，音乐流淌，酒香弥漫，用户会不由自主地沉浸其中。
>
> 当然，这也不是品酒会场景的全部，品酒会的高潮往往发生在胡桃里免费开放的酒库里。这里有来自西班牙、法国、智利、阿根廷、意大利、南非等9个国家的世界百大酒庄直供的酒水。同时，胡桃里还为用户提供专业侍酒师的侍酒服务。

得天独厚的品酒场景，强大的酒品资源，以及专业的服务能力，构成了该酒会的"招牌"，而主题场景、资源，以及专业品鉴方法则是大量红酒爱好者品酒的"痛点"。精准把握用户的痛点，搭建特定的营销场景解决需求，自然就能收到不错的市场反馈。

2. 满足人们的猎奇心理

对于自己尚不知晓、不熟悉或比较奇异的事物或观念等，很多人都会表现出一定的好奇心，从而急于探索其奥秘，这种心理可以加以利用。

在2019年春节，故宫角楼火锅走红。很多食客提前10天预订，都一座难求，火爆程度可见一斑。为何如此火爆？因为人们都想当一次皇帝，体验一次"皇家礼遇"！

在故宫角楼火锅的过道处，引导用户的海报，先将用户带入"皇帝的火锅"场景。菜单被制作成"圣旨"的样子，用户很容易生出一种"九五之尊"的豪迈感。用餐完毕，食客还能获得一张专属明信片。

感兴趣的用户，还能付费收集到各类"皇家"趣味印章。

从"皇帝的火锅"到"奉旨点餐"的菜单设计，从各种皇家元素的装潢到宫廷御膳的设置，故宫角楼火锅到处展示着浓郁的宫廷文化，还原了宫廷御食的消费场景，不断刺激用户前去"猎奇"。

3. 给用户一些"便宜"

为了吸引用户消费，2021年春节期间，眉州东坡酒楼将大量的食材以零售方式摆卖，在餐厅门口搭建起促销摆菜台，并提供了一些预制菜，打出"又好吃，又好快"的标语，就像一个平价超市，吸引了附近市民前来抢购。

此外，眉州东坡酒楼还布置了一个抽奖大转盘与奖品陈列架，摆放在餐厅最显眼的位置，成功打造了一个吸引用户参与的营销场景。

无论是做超市零售场景，还是促销抽奖场景，都是为了配合营销活动，激发用户"占便宜"的消费心理，进而参与活动。

4.充分发挥粉丝效应

随着移动互联网的发展，让"粉丝"这个词有了新的释义和延伸，"粉丝经济"也被广泛应用于文化娱乐、商品营销等多个领域。为用户提供多样化、个性化的商品和服务。像现在走红的罗永浩、董宇辉、李佳琦等，又或是星巴克、耐克等大品牌，他们背后的品牌运营核心都是围绕粉丝进行的。

为了实现粉丝效应的最大化，企业完全可以在店门口展示明星海报、明星签名礼品、IP相关赠品，并邀请一些媒体记者围观等，打造一个专属IP粉丝的专场，最大化地吸引粉丝关注和参与。

总之，给目标用户制造一个场景想象，可以带来超强的代入感，进而与品牌商品形成互动体验，推出品牌定位和价值，最终让用户完成消费行为。因此，为了给用户打造沉浸式的消费体验，就要为他们搭建最适合的营销场景。

如何构建人性化的营销场景

移动互联时代,品牌与用户之间的沟通互动越来越多元化,场景营销也被更多的企业和品牌关注并认可,成为新营销关注的焦点。基于用户的心理需求,融合独特的创意和技术,就能打造触动用户的沉浸式体验,场景营销也会变得更具人性。

宜家不仅构建了人性化的营销场景,还利用手机进行信息化构建。为了引导用户去往信息化场景系统,宜家还建立了商场会员系统。

用户的细分与分层是宜家差异化营销制定的核心基础,构建会员系统,有效整合系统后台数据,便于宜家对不同会员进行分类,之后进行不同营销场景的推荐。

宜家还利用商场本身拥有的场景进行营销,例如场外运动跑道、篮球场、滑板场地,在用户进行互动的同时,宜家会对其进行打卡积分奖励,然后再在其页面上添加场内运动品牌的活动信息推广。此外宜家拥有详细的会员数据标签,可以在固定营销场景进行分类推广。例如将儿童节的优惠推送给宝妈宝爸,实现精准化推广,从而达到营销目的。

宜家在不断寻找情感的连接点,通过情感上的支持与会员连接在一起,与用户形成一种坚固连接。如认真倾听用户对商品的意见、了解用户需要什么商品、尊重用户的建议，从而与用户构建了信任基础。

时间无限碎片化的今天，只有抓住时机，"抢占"用户更多的时间，才能吸引他们的注意力，提高营销效果。沉浸式体验，可以延长用户注意力、增强营销活动影响力，场景也会尽可能多地融合受众的视听观感，引导他们忽略场景的人为设定，获得好的享受。因此，企业或商家构建人性化的营销场景十分必要。宜家深谙其道，并取得了巨大成功，值得每个企业借鉴。以满足用户的个性需求为出发点，遵循"以用户为中心""以人性为根本"的原则，以互动式为连接点，使用户成为真正的主人，满足他们精神和心理上的需求，就能让他们产生消费冲动。

除了宜家，王老吉也在积极打造人性化的营销场景。

为了达到沉浸式的效果，2022年的春节营销，王老吉凉茶是这样做的：

为了提高商品创意，王老吉凉茶推出了"百家姓罐"，不仅对2021年春节定制姓氏罐的创意进行了升级，还添加了图腾关联元素，将姓氏文化与图腾文化融合到一起，唤起了用户的情感共鸣。

为了吸引更多的用户，王老吉凉茶百家姓罐在颜值的打造上投入了巨大精力。通过创意简笔画的形式，将姓氏图腾符号绘制在红色罐身上，一罐一个图腾，深受年轻用户的欢迎。为了满足用户在节日营销场景、人生重要时刻的场景需求，王老吉还给用户添加了"吉"运。

王老吉凉茶凭借"姓氏＋图腾"的新奇体验与传递吉运的美好寓意，收获了众多用户的关注和认可，加深了其社交年货的价值形象。

好的沉浸式营销场景，每个细节都是满满的人性关怀。企业借助服务和商品等媒介，积极向用户提供有价值、有意义的体验，用户就能获得心理和情感上的极大满足，从而主动参与进来。因此，为了满足用户的情感需求，企业和商家就要充分发挥自身的想象力和创造力，创新商品的设计、打造个性化的消费场景，突出独特的观念和价值，给用户以更大的认同感。

通过对宜家和王老吉案例的分析，可以发现构建沉浸式场景的要点：

1. 找准目标

找准目标，是打造沉浸式体验营销的前提。要想在众多竞争品牌中吸引用户并给他们留下深刻的印象，不仅要名称吸睛、包装新颖，更要瞄准消费痛点。

虽然用户每天接触到的信息异常庞杂，但他们都渴望获得契合自身需求的商品和服务。因此，打造个性化的沉浸式体验场景时，不能盲目，应先深入了解目标消费群体。例如，他们经常接触哪些媒介？他们的生活方式如何？他们具有怎样的消费观？他们与商品有哪些契合点？只有把这些问题都搞清楚了，才能提高营销效率。

2. 定位营销目标和用户需求

沉浸式体验非常注重形式，商家很容易陷入过分追求形式的误区。其实，无论采取的形式多么新颖，营销目标都要根据用户需求的确定。围绕该核心问题，从视觉、听觉、触觉等向用户传递统一信息，才能吸引用户了解商品品牌，才能使每一次沉浸式体验都向营销目标的实现更进一步。

3. 进行个性化的沟通

为用户提供人性化的沉浸式场景时，个性化的沟通必不可少。互联网时代，通过多元化沟通，营销活动从对用户的"展示说教"变为与用户的"互动沟通"，拉近用户与品牌的距离，为品牌注入新的活力。

挖掘用户的生活场景

上班路上匆忙去便利店买一份早餐是一种场景；中午做饭，提前1小时在某个App上下单买菜，也是一种场景。看书是一种场景，玩手机也是一种场景……生活即场景，有人的地方就有场景，有场景的地方就有生活，有生活的地方就有生意。从这个意义上来说，场景无处不在，生意也无时不有。

为了宣传P40系列手机，华为为大家带来了一个看似"平平无奇"的生活场景视频。

视频中没有罗列出手机的具体参数，而是向大家展示出无数个生活中的片段：外出郊游、新家装修、旅游纪念、文艺会演、女儿出嫁、孩童蹒跚……同时，还在内容中增加了当下的热点，例如医护、网课和毕业季。

画面中，既有路边开放的不起眼的野花，也有连绵的山脉，巍峨壮观；有在水间灵活游动的小鱼，也有探头窗外的可爱长颈鹿；既有轻松闲适的郊外，又有星光璀璨的天空……视频从用户的角度出发，诠释出了生活百态，真正还原了手机相机的意义——记录。

当人们认真关注这些片段时，就能感受到华为营销的商品——华为P40强大的拍摄性能。

把商品的高级性能体现在不经意之间，看似无意，实则费尽"心机"，华为P40的宣传，确实令人惊叹。

我们的生活就是由一个个场景组成的，其中包含着巨大的商机，企业要想在市场竞争中取胜，关键就是要对与商品有关的场景中的用户需求进行深度挖掘。从用户日常的消费场景出发，用用户最熟悉的场景将商品优势传播出去。

我们一直强调：不变的用户、流动的场景！所谓不变的用户，是指无论时代如何变化，用户的终极诉求都不会发生本质变化，需求的本质也不会发生变化。而用户场景的流动性极大，因此企业必须建立一个新的逻辑——努力挖掘用户的生活场景、不断理解、迎合新的场景。

具体来说，想要实现成功的场景化营销，可以按照以下的方式进行。

1. 洞察用户需求

了解场景，就是了解用户；抓住场景，也就抓住了接触用户的最佳时机。企业忽视了对用户需求的把握，就很容易对使用场景作出错误的选择，致使商品找不到受众或者选错了受众。企业要深入挖掘各类生活场景，比如"如何在家拍出网红风格？""如何让生活多些小趣味？""如何让烹饪更简单？"……只有抓住不同目标人群的需求，将商品植入其中，让用户看到商品能为自己的生活带来美好改变，才能激发用户的购买欲。

2. 细分场景需求

首先，要针对不同用户群体和不同的消费场景，搭建不同的场景；其次，围绕场景对商业模式进行延展。比如公园可以被延展出休闲、娱乐、健康等多个场景，围绕这些场景，就可以开展多种商业营销。总之，场景被分得越细，越容易从中挖掘出新的用户场景。

3. 挖掘场景数据

数据可以对用户的行为和需求进行准确的呈现和预测，用户场景背后蕴藏着大量可量化的数据，可以从中挖掘出更多的规律和更清晰的使用关系，创造出更多的新场景。

基于数据构建的场景，能更加准确地触达目标用户群体，快速匹配用户的特点、爱好和习惯，进而企业可以为他们提供最符合其需求的解决方案，实现真正的私人定制。

4. 创造场景连接

在创造场景的过程中，一定要深入挖掘用户潜在的生活场景，并建立适当的场景连接，赋予场景更多的商业属性，使场景成为企业与用户之间的接口。比如育儿平台在推广过程中，为了引导用户下载，可以推出一些"一岁宝宝辅食添加与营养配餐""新生儿喂养与护理"等强相关的场景，并告诉大家要了解更多的宝宝护理信息或找到自己的育儿圈子，通过链接下载登录App 就可以。

5. 强化场景体验

如今的用户，特别是年轻用户群体，越来越重视精神层面的满足感。他们之所以愿意付费，看中的并不是商品本身，而是商品所处的场景给他们带来的体验。由此，场景化消费开始成为主流，体验至上的时代来临。比如洛可可曾打造过一款可以直播的烤箱，烤箱内部安装有一个摄像头，用户可以把美食的烘焙过程记录下来，再通过数据传到手机上，自动剪辑成视频进行分享。

总之，从生活场景开始的广告营销，通常更容易打动用户，而要想准确把握场景，就要认真洞察用户的需求，打造真正融入用户的真实生活场景，才是好的场景营销。

增强用户的场景体验

跟传统营销比起来，场景营销的侧重点在为用户提供极致的消费体验，通过空间情境设计、店内互动和体验活动等安排，对用户进行感性的影响，在用户进行消费的同时，体会到愉悦感。

以北京首家乐高品牌旗舰店为例。

其坐落于著名的北京王府井商圈，店铺面积626平方米，融合了众多别具匠心的设计元素和沉浸式玩乐体验。

店内陈列了多个大型乐高3D模型，"镇店之宝"是摆放在门口以故宫为灵感创作的巨型屋檐，由220万块乐高积木拼搭而成。这个模型，如果一个人每天8小时拼搭，时间需要4~5年，这是一个大团队、众多乐高工程师在国外用了10850小时拼搭完成运到北京的。

店里到处都洋溢着满满的中国韵味，有乐高拼成的长城、中式轿子、石狮子模型和对联等。

只要抚摸由18万块乐高积木拼搭成的中式大红花轿轿夫手边的感应器，人们就能跟轿夫互动对话，还可以让轿夫改变表情，有趣极了。

这里还设置了很多新颖的"融合玩乐"体验，不管是大朋友还是小朋友，都能制作自己喜欢的作品，然后投放到电子屏幕上。此外，还能拍照定制专属自己的乐高式马赛克肖像。

在这里，人们并不是为了选购玩具而来的，而是可以进入一个大型游乐场，在不同主题的玩具场景中获得不同的体验。这里的玩具，也不会像传统玩具店那样摆在货架上供用户挑选，而是按照不同的场景进行配置，可以让人们真正置身其中。

在实体店的宣传中，商家以场景作为体验营销的背景，以商品和店铺设施为道具，再加上贴心的服务，就能为用户营造一种立体化场景，使用户在消费的过程中，获得全方位、立体式接触，同商家营造的体验场景实现情感共振，来打动用户，激发用户的消费欲望，从而达成交易。

"甜蜜课堂"是万科上海区域奇妙陪伴季系列活动之一，自2019年正式推出。

在活动中，原本专注于社区景观打造的22位设计师化身为奇妙陪伴官，陪伴活泼可爱的孩子，在自家楼下认识植物、观察昆虫，探索大自然的奥秘。

带领孩子们发现奇妙的自然，是一种寓教于乐的方式，可以为孩子做一次"课堂之外"的儿童教育。为此，万科创作了一套完整的教育内容，包含43场课程，课程时长累计超过8700分钟。

在植物小学堂、昆虫大观、知识互动等环节中，小探险家们可以举手回答问题，可以用小手触摸每一片树叶的纹理、观察每一条鱼的行动、抓住每一帧值得记忆的美好画面。更重要的是，这次活动还给小业主们制造了更多与父母相处的时光、与大自然交流的机会。

真正好的营销，通常都会给目标用户提供打破认知的机会，给他们制造惊喜感，用另外一种视角去感受生活和自然，感受"认知之外"的惊喜。

这种营销创意，不仅会给用户留下深刻的印象，更是一种极佳的品牌塑造方式。当然，要想给用户最佳的体验，就要关注以下 2 个方面的内容。

场景营销的要素

1. 人物

这里的人物，指的是确定商品的使用人群，并根据使用人群的特征来进行不同设计，实现千人千面的个性化服务。比如为了满足老人的需求，小米在系统中加入了"老人模式"，放大了字体，精简了功能，就是针对"老年用户"这一场景进行设计的典型案例。

2. 目的

这里的目的，指的是用户是出于怎样的目的、为了解决哪些问题或满足哪些需求才来使用商品的，思考的重点是"在用户正式使用商品之前，心理预期是什么"，然后再运用到具体的设计中。以可以查看天气的 App 为例。用户一般都期望一打开 App 就能看到天气详情，因此看到这个需求时，脑海中就已经构想出关于天气的一些组成元素，例如晴天、阴天、雨天、温度、时间变化、点击可查看最近几日的天气等。

3. 用户行为

所谓用户行为就是用户使用商品的过程中会进行的一些操作（主动或被动），比如用户在初次进入 App 后或在 App 内执行搜索、确认等操作时，商品就要做出相应的反应。

4. 时间

这里的时间是指要考虑用户会在什么时间使用该商品。比如工作的时候、上班的路上、约会的时候、睡觉前、聚会或者锻炼身体的时候。

使用时间的不同，会在一定程度上影响商品设计。如今很多 iPad 上的视频类应用，例如爱奇艺、腾讯视频等默认的界面皮肤都是深色背景，因为在 iPad 上看视频的用户多半在下班后的夜晚使用，用户夜晚躺在被窝里看片，为了其眼睛的舒适就适合使用深色皮肤。

5.地点

地点也就是说,要考虑用户会在什么地点使用该商品,比如在家、在学校、在办公室、在公交车上、在饭馆里。

在不同的地点,就有不同的需求。例如当大众点评通过用户的GPS定位信息,发现用户到了一个陌生城市的时候,就会自动将首页切换到旅游版面,给用户推荐当地的必吃美食、必游景点、必买的特产等。

除了以上5个方面,还有更细致的"小元素",比如"用户导向""情感诉求"等。在提取场景的时候,企业要从用户的实际使用角度出发,将大小不同的场景元素综合起来,进行深入的思考。

场景设计

场景的设计,通常要经历下列3个步骤。

1.列举场景

在这一步,可以使用流程图的方式一次提取关键场景。以看电影为例,看电影的流程通常是:购买电影票→去电影院→取票→检票→找座位→观影→出影院。根据这个流程,就能提取出对应的关键场景,比如为了让取票环节顺畅,可添置自助取票机;为了让观众顺利找到座位,可以专人引导。在提取场景时,不仅要关注现有的用户使用场景,更要谨记,创造新场景能开发出一片蓝海,甚至带来产业结构的变动。

关键场景,可以从5个方面进行描述。即:谁(who),在什么时候(when),在什么地方(where),做了什么事情(do),周围环境怎么样(how)。依次填入这5个要素,就能更清晰地了解场景,进而发现机会点。

2.挖掘机会点

对于机会点的挖掘主要有以下2种方法。

(1)通过当前需求挖掘机会点。这种方法的主要任务是,通过场景列举阶段对场景的描述,分析用户在当前场景的需求并挖掘机会点。在这里,要用场景挖掘工具,在场景描述的基础上,对当前场景用户的需求进行深入分析。

（2）通过预期用户的目标寻找机会点。这种方法的主要目的是，明确预期用户下一步的目标意图。要对上文场景进行判断，结合当前场景的描述与分析，预测用户接下来的行为，找到当前场景的设计机会点。

3. 设计策略

要想将机会点转化为设计点，可以采用以下几个设计策略。

（1）以高效为目标的设计。这里的改进，可以使用5个方法：前置、替换、相关推送、突出和自动执行。这几种策略都能不同程度地提高用户操作效率。

（2）以贴心为目标的设计策略。使用这种策略，可以通过细节设计满足用户当前场景下的微小需求，或辅助用户达到下一步的目标，从侧面配合满足用户当前场景下的需求，让用户感到贴心。

（3）以情感化为目标的设计策略。使用这种策略，可以满足用户当前场景下的情感需求，让用户感动，带给用户更多的惊喜。

比如，豆瓣首页轮播图下面会根据时间显示"上午好／下午好／晚上好"的情感化打招呼内容；当用户向下浏览内容时，就会认为用户在当前场景下不再需要搜索而是依次浏览内容。通过对当前场景需求的判断，用情感化细节，带给用户感动和惊喜。

利用场景增加用户的互动兴趣

场景与受众的互动性，会让营销变得更加有趣。

随着移动互联网的迅速发展，基于广告的传统营销方式已经渐渐没落，而基于场景的互动营销正在崛起。以场景触发为基础，强调即时互动，深入挖掘用户需求和痛点，就能达到品牌营销推广的目的。场景化互动营销已然成为当前营销方式的主流趋势。

场景化互动怎么玩？

1.制定正确的品牌策略

定位商品的目标群体，根据商品的属性和成本、收益预期等，找到对应的投放人群。

利用多媒体平台，有效投放信息。

好的场景化营销，就是在合适的时间、合适的地点，将合适的商品以合适的方式提供给合适的人。

2.设计场景化话题

（1）合理运用多元化场景营销。场景化营销看似简单，但需要紧密地将商品与各种生活场景联系起来，给用户以使用提示，从而达成营销效果。

下面是"金融IC卡"的场景化营销。

逛街时，用某行的银行卡可以在多家"惠生活"商圈消费时获得优惠。

乘坐公交时，用某行的银行卡，可以打折。

在机场等候时，用某行的银行卡，可以出入VIP休息室。

给用户多种具体可感的设想与选择，是场景化营销的重要原则。

（2）利用大数据，找到不同圈层用户的场景共鸣。如今企业与用户的联系更为紧密，交流也更加便捷。了解了用户的输入信息、搜索信息和获得信息，就能构建以"兴趣引导+海量曝光+入口营销"为线索的网络营销新模式。

场景化营销"四步走"

步骤1：心理洞察

明确自己的商品能满足用户的什么需求，他们为何会产生这样的需求？继而分析他们的心理动机和心理状态。

心理洞察就是对用户的初探，是场景化营销过程的起点，也是重点。

步骤2：场景设置

洞察用户心理后，要进行场景的设置或选择，将用户带入到营销需要的心理状态。

场景设置的核心是过程中的交流环节。通过沟通交流，让用户慢慢融入到该场景中，对用户心理做出及时反馈，更有效地刺激用户的心理。

步骤3：激发需求

让用户进入某种心理状态，激发出他们对商品的强烈需求动机。而这种强度可以通过互动交流的设置来完成。

步骤4：行为引导

成功将用户引导形成到某种心理状态后，就可以带动用户的行为，引导消费行为，实现营销目标。

总之，对于营销来说，互联网时代争夺的是流量和入口，而在移动互联网时代，基于场景的互动营销正在崛起，以场景触发为基础、即时互动，深入挖掘用户需求和痛点，才能实现营销的互动性、热点性和有效性。

通过场景实现营销转化

移动互联网的兴起,让时间和空间得以无限扩展,我们每时每刻都生活在鲜活的现实场景和虚拟场景中。不仅丰富和激活了营销场景,还加速了现实场景和虚拟场景的交融和互动,为企业创造了更大的营销想象空间。

在平安银行信用卡"全城寻找热8"活动中,平安银行通过网点建立热巴应援站、银行职员挑战魔性的"热8舞"、全行换装热巴应援T恤等一套粉丝营销的花式组合拳,利用明星粉丝效应构建社交生态圈,掀起一场翻转银行传统形象的场景化营销风暴,成功吸引了年轻人的注意力。

接着,平安信用卡又乘胜追击,推出"全城天天88"活动,让年轻人以他们喜闻乐见的游戏化互动方式,轻松赢取各种福利和优惠,还可以为迪丽热巴应援。

在这次活动中,平安信用卡打破了金融机构严肃高冷的传统形象,真正走到年轻人中间来。通过品牌的时尚化和年轻化,实现了场景边界的扩展。

无论哪种形式的场景化营销,其实都是运用场景去触发和连接符合场景下的用户的需求，场景越具体、越真实，目标用户越容易被代入其中，越容易激发出用户需求，快速做出购买决策。进行清晰的场景化内容描述，就能抓住用户的痛点和需求，在一定程度上激活用户的潜在需求，实现"我不需要→我可能需要→我真的需要"的转变。

场景时代的五大原力

如今，场景营销的前提要素已经普及，包括移动设备、社交媒体、大数据、传感器和定位系统，场景营销的大门已经开启。

1. 移动设备

移动设备是获取互联网力量的关键，也是多数用户体验场景风暴的载体。

2. 社交媒体

社交媒体是一个双向通道，对于场景时代必不可少。用户通过在线交谈，可以明确自己的爱好、位置和目标。只要将社交媒体跟移动设备、大数据、传感器、定位系统等技术结合在一起，就能成为极富个性化内容的源泉。

3. 大数据

对于场景营销来说，大数据就如同氧气一样，无处不在，必不可少。如今我们已经积累了庞大的数据信息，足够支撑各行业的企业进行分析利用。

4. 传感器

2007年1月史蒂夫·乔布斯推出苹果手机，标志着传感器成为场景的新驱动力。发展到现在，传感器技术已经普及，完全可以通过传感器获取用户的位置，并知道他们喜欢做什么。

通过场景实现营销转化的秘诀

1. 以场景为中心

最近几年，营销领域最核心的思路变化，就是从以"商品为中心"变为以"用户需求为中心"，企业只有发现用户的特定需求，才能根据需求去研发和生产商品。为了实现场景营销，在发现需求时，还要更深入地解读相关信息，理解"为什么我的用户在这个时间、这个地点、这种环境下会有这样的需求"？将需求还原到场景中，才能真正理解用户的某种需求。

2.以情绪为对象

场景营销，最重要的是引发情绪而不是传递信息。用户处于应接不暇的场景中，想要让他们平心静气，耐心倾听你的信息，再根据逻辑作出理性判断，几乎是不可能的。

美国道德心理学家乔纳森·海特研究发现，人们总是直觉在先、策略性推理在后。因此，能够推动用户迅速做出你所期待行为的是情绪。只有理解了情绪在用户行为过程中的重要性，才能解决"品牌建设到底是在建设什么"的问题。

3.以数据为驱动

数据驱动业务的能力决定着营销的成败。过去我们获得的数据都是单次、局部、缺乏联系的，分析之后总会遇到两个尴尬："重复已知结论"和"制造无用信息"。数据不精准，"用户"就只能是一个面目模糊的整体名词。虽然品牌吸引到的用户都有一定的共性，但是具体到不同的需求、购买和使用场景上，这些人唯一的共性可能只是买了你的商品，并不能帮助企业为用户提供更好的商品和服务。只有将用户定义为个体，才有可能提供精准的场景营销，实现一对一沟通，提供高度定制化的商品与服务，最大限度地简化用户获取需求的渠道。

消费场景和营销场景的共性

消费场景能成为营销场景，营销场景一直都在为消费场景服务，两者一脉相承，相互关联。从本质上来说，两者都是场景思维的体现，目的都是为了提升营销吸引力，促进营销转化。

1.一致性

消费场景与营销场景的搭建都基于品牌定位与消费需求，在基本方向上具有一致性。例如胡桃里的消费场景是一个集品酒、音乐、用餐于一体的综合休闲社交场景。而他们针对品酒会、演唱会表演等营销场景，也都是围绕其品牌定位与用户需求而展开的。

2. 关联性

消费场景与营销场景相互关联，有时候并没有明显的界限。例如高考期间，麦当劳在门店中特辟一角打造"陪战自习室"，为考生助力。其实，有时候营销场景就来源于消费场景的延伸，很多餐饮企业做的快闪店，也是迷你版的店面＋活动主题。由此可见，消费场景与营销场景相辅相承，好的消费场景确实能让营销场景更具营销力，好的营销场景也是为消费场景服务。

3. 互为补充

消费场景是企业搭建的日常运营场景，相对稳定长久，是一种更倾向于静态的体验场景；营销场景则需要根据营销主题的变化而变化，是一种动态场景。

现实中，很多企业都进行了"动静相宜"的场景搭建："静"可以在潜移默化中向用户渗透品牌文化；"动"可以不断地为品牌注入活力。消费场景与营销场景相互补充，统一构成了企业完整的场景生态。

在消费场景与营销场景的诠释中，总会出现这样的表达："我们售卖的不是××，而是一种生活方式（态度）。"企业要重视用户精神价值层面的诉求，随着主流消费人群和消费诉求的转变，要打破传统思维，将过去单纯的经营商品，转变为经营商品与提升用户体验相结合。

第 7 章

to B 营销：知己知"B"的内容营销

了解 B 端商品的市场定位

市场定位是一种帮助企业确认竞争地位、寻找竞争战略的手段。通过定位，企业才可能进一步明确竞争对手和发展目标，发现各自的优势与劣势，从而确定自己的位置，实现精准营销，有的放矢。

背背佳是一款能够解决中学生驼背的矫正商品，深受家长和学生的喜爱。该商品定位于中小学生，从研发到生产的整个过程并不复杂，也不包含什么高科技，却因为众多父母的焦虑提供了解决定案而十分畅销。

好记星曾经让"90 后"风靡一时，加上极富特色的广告，是点读机里非常成功的商品之一，在巅峰时期，连步步高都无法与之抗衡。好记星定位于学习英语的中学生，目标清晰明确。

小罐茶创立于 2014 年，2016 年开始火爆起来，主要原因是，小罐茶是茶叶里的高端商品。其定位于高端礼品茶，广告是"八位大师敬你一杯茶"。小罐茶当时做高端茶叶的决心可见一斑。

这几个品牌都是市场定位成功的案例，但很少有人知道，以上这几个品牌都是由同一个人创立的，他叫杜国楹。

可见，企业要想在目标市场上取得竞争优势和更大效益，就要了解购买者和竞争者的情况，确定企业的市场位置，继而明确企业的服务对象，树立企业形象，为商品赋予特色，以特色吸引目标用户。

所谓市场定位，就是针对竞争者现有商品在市场上所处的位置，根据用户对商品某一属性的重视程度，为商品设计和塑造一定的个性或形象，并采用正确的营销方法，把这种个性或形象强有力地传递给用户，确定该商品在市场上的竞争地位。换言之，市场定位就是在用户心中商品或品牌所占据的位置，或塑造的形象。

做好定位的终极目标是衍生出更具商业价值的商品，该价值既符合企业自身的价值，也满足用户的需求。

B端商品的市场定位，通常设计以下5个因素。

1. 行业

B端商品和C端商品的一大区别就是，B端商品通常都是针对某行业领域提供的解决方案，需要对商品所服务的行业进行全面的认识和理解。

（1）了解行业发展的目前状况。首先，要了解目前商品所服务行业的发展现状，例如了解行业的发展历史，目前发展到怎样的水平。

接着，要了解目前行业采用了哪些主流技术，了解目前与行业和商品相关的资源、技术、硬件、软件等发展情况。

（2）研判行业发展的未来趋势。进行产品设计时，要着眼于未来，不能只停留在当前用户的需求层面。只有了解行业的发展趋势，设计产品时，才能考虑到后续产品的发展方向，确保产品紧跟行业发展脚步。

（3）了解行业的发展规模。了解了行业规模，就能知道该行业的发展势头和行业的需求容量，供进行商品定位做参考，不同规模的行业和产品，设定的行业细分程度也不一样。当然，进行产品定位时，不仅要关注行业规模、行业的领域差异程度等，还要留意行业细分领域等。

（4）了解竞争对手状态如何。通过竞品分析，不仅可以获取行业最新的动态，还可以获取产品最新的应用场景、了解自身产品的优缺点，及时进行产品的改进。因此，竞品分析是企业管理者必须具备的一项技能。选择竞品时，要选择该行业的头部对手的商品进行分析。

2. 用户

在商品定位中，要定义清楚商品所要服务的用户是谁，之后才能针对目标用户进行研究，找到用户的需求和痛点，才能准确为商品设计提供解决方案。只有清楚用户定位，才能明确清晰行业市场、用户需求、用户习惯、用户喜好等内容。当然，用户和行业是相辅相成的，只要有行业，就能从中确定用户；有了用户，就能明确所在行业。

3. 痛点

根据用户定位，才能对用户的最大痛点进行研究，发现用户未被满足的需求，以及目前他们遇到的最大困难。这里需要注意的是，有些需求是用户自己可以投入资源解决的，不用从外部引进，只要明确解决这个需求是否会比购买花费更多即可。

要想判断用户需求，需要判断用户购买商品和服务需要付出的代价，然后跟自身开发的成本做比较，如果直接购买更划算，就购买服务。

4. 方案

商品定位中，需要向用户说明自己针对其痛点提出的解决方案，同时在商品定位的描述中进行全面、精准的呈现。如此，用户就能通过你的描述，了解到你的优势。例如在智能客服行业中，描述一款智能客服商品时，可以说：为了提高服务质量、降低人力投入成本、解决客服人数众多、应对投入成本大以及人均接待数量有限的问题，便可选用该商品，基于先进的语音识别、语义理解等能力，该客服商品可以为用户提供全天候的在线服务。

5. 亮点

要告诉用户，该商品提出解决方案的核心亮点是什么，同样以智能客服商品为例，主要亮点可以有：替代多数人力客服、提供24小时的全天候服务、可以满足多人在线服务，还具有自主学习、提升服务质量的能力，可以为企业打造全新的人工智能用户服务体验。

解读 B 端用户的需求

2015 年电影《左耳》出现于屏幕上，主要讲述的是一群性格迥异的年轻人的爱情故事，受到观众的认可。在这部电影中，出现了两个涉及用户需求的场景。

场景 1：

课堂上教授跟学生分享了一个故事：有个富商想要娶老婆，三个女人来"应聘"。第一个女人说："我很贤惠，我会做家务。"第二个女人说："我很聪明，我会理财。"第三个女人说："我有高学历，将来可以给咱们的孩子很好的教育。"然后问："你们说，富商最后选了哪一个做老婆？"最终富商选了长得比较丰满的一个。

场景 2：

主人公跟合伙人一起开网店，由于经费短缺，只能随便找了几个模特拍了一些衣服照片。拍完后主人公唉声叹气，合伙人说："咱们这点钱，只能拍这样的照片，你就知足吧。"主人公反问："你觉得我们网上卖衣服，卖的是什么？"合伙人说："那还用问，当然是衣服啦！"主人公说："错！卖的是照片！"

这两个案例都告诉我们如何看清用户真正的需求。

第一个场景，富商没有记住贤惠、聪明、高学历这些标签，最终选择了长得比较丰满的一个。虽然有些可笑，但也告诉我们，用户真正想要的可能就是表象的东西，不要白费精力。

第二个场景，开网店卖的不是衣服，而是照片！女性都比较感性，只要看到漂亮的、效果好的模特照片，就容易心动。因此，真正促使用户点击购买的，不是衣服本身，而是漂亮的照片。

搞明白了用户的真正需求，才能满足他们的需要，才能提高销量。

商品运营的核心职责是为用户和商品之间搭建桥梁，销售部门只能告诉企业管理者用户对某些商品的体验较差，但是用户的核心需求是什么、用户为什么说体验不好，根本就无法作出判断。为了了解B端用户的真实需求，企业接收到用户的诉求和反馈之后，还需要对商品进行必要的调研和分析。

判断需求的有效性和价值

B端运营人员犹如理性严谨的业务专家，通常都具有较强的逻辑思维能力，可以理性地对用户进行全面梳理和诊断，并给出合理、有效的解决方案。B端商品的业务流程烦琐、功能庞杂、用户角色众多，对B端运营人员的需求分析能力提出了很高的要求。这是一项系统性的工作，需要一套系统的方法论来支持B端商品的业务需求分析。

B端的实际有效需求，涉及前台需求和后台需求等，只有将需求放入具体的业务场景中模拟，才能得到最终的结论。因此，企业运营必须搞明白下面几个内容。

1. 伪需求与真需求

有时在用户和销售人员的误导下，企业会出现决策和判断失误，设计出很多满足伪需求的商品功能，对企业来说，这是非常致命的，不仅无法解决用户的问题，还会浪费大量的资源。

2. 显性需求与隐性需求

有些需求摆在实处，很明显，不仅能说清楚，也容易理解，但是有些需求用户却无法说明，需要将用户所说的需求转化成商品语言，才能加以实现。

3. 核心需求与边缘需求

B端的用户需求都不简单，用户的具体情况不同，关注点也不尽相同。对企业来说，最重要的是要满足多数用户的核心需求和共性需求，满足能给企业带来持续增长的高价值需求，不能因小失大。因此，企业要主动舍弃边缘化的需求，将注意力集中在核心矛盾的解决上。

4. 兼顾个性需求

共性需求是行业内多数用户的需求，企业不仅要精准地为行业内的多数用户提供相对标准化的商品和功能，也要适当兼顾一些高价值的个性化需求，灵活调用与配置资源。

理解需求背景

很多企业在分析B端用户需求时，都容易发生一些理解偏差。例如用户说需要一个ERP系统，但是企业却发现他们其实只需要一个简单的订单打印工具。可见，用户眼中的"ERP系统"，不一定就是企业眼中的"ERP系统"。

B端商品的所有解决方案都是为了满足企业在特定阶段的核心需求，实现特定阶段的关键价值。这个价值可能很小，也可能非常大，这是一种平衡和权衡。企业要想理解需求背景，就要从最关键的问题入手，比如：

企业用户目前的状况如何？商品能否解决好他们的问题？是业务转型的问题，还是流程改革和优化的问题？

从一定意义上来说，企业经营是管理者个人意志的体现，管理者对商品或解决方案的诉求是为了达到什么样的目的？你能确保自己理解他的诉求吗？

理解需求风险

降低风险是一个关键的需求指标。为了降低风险,可以采用以下几种方式:

1. 合理使用品牌背书

跟中小企业比起来,知名企业或国企具有低风险的优势,向政府机构推销商品,中标的概率要高很多。

2. 用真实的案例来佐证

如果某套系统被很多用户使用,用户还能随时访问和观摩,就能极大地降低购买风险,B端用户也更容易接受。

3. 使用权威背书

商品获得了背书,商品供应商就能得到权威研究机构或国家机构发布的推荐报告或检测报告,这样风险就会减小,信任指数就会增加。

理解需求主次

1. 理解需求的价值

B端的需求来自业务场景,商品需要在特定的业务场景中产生价值。因此,不仅要考虑商品功能是否简化了业务流程,还要提供颠覆性的解决方案。这两个价值,在需求优先级上完全不同。之所以要反复推演功能的使用场景,主要是为了从使用场景中得到用户的核心需求;而判断需求的价值,是甄别需求的重要依据。将目前的需求放在具体的业务场景中,就能辅助优化体验,提高工作效率,降低企业的运营成本,开发深层次的功能,增加商品收益。

2. 判断需求的可行性

通过市场的比较,就能判断目前需求的竞争力和投入产出比,同时判断出满足这个需求能产生多大的影响和价值。不过,B端的商品需求是在真实的业务场景中产生的,需要注意用户反馈,学会在业务场景中解决需求。

3. 对需求进行分类

确定了可行性后,要对所选商品的可行需求进行优先级排序,为了保证结果的客观和准确，可以对同层次、同类型的需求进行评分，并将需求细分为优先级或非优先级。在这个过程中，还要判断出哪些需求是共性需求、哪些需求是个性化需求。一般情况下，共性需求需要优先被满足。当然，要想甄别真实的用户需求，还要学会换位思考，对用户真实的环境进行模拟，洞察用户的诉求。

从"流量思维"到"用户思维"

如今,经常被提及的一个概念就是"流量",现实中很多人也确实得益于流量红利,赚得盆满钵满。最显著的就是原始电商。但是,当流量越来越贵,变现越来越难,"社群"这个概念出现,流量思维渐渐落幕。

早前火车站餐厅完全依赖流量思维,做的饭菜再难吃,由于南来北往的巨大客流,也有买卖做。现在大家的选择多了,自然不再去那些餐厅。这就是因为餐厅没有从"流量思维"转变为"用户思维"。

实现业绩持续提升,是企业的终极目标,也是营销人员赚钱的保证。为了达到这个目的,首先就要搞清楚流量思维、用户思维有什么区别,为什么要从流量思维转变成用户思维。B端的用户只有在特定的业务情景下才会使用商品,所以对B端运营来说,让用户产生付费才是主要目的,从这个意义上来说,B端的运营效果更重要。

什么是流量思维?简而言之就是,到处加人、买流量,然后进行广告轰炸。只要流量大,成交量就能维持在一定的比例,所以需要不断地投入流量、不断地打广告,周而复始地进行,这就是流量思维。

随着移动互联网的发展,商业模式也发生了巨大改变,从消费主体到商业主体、从消费习惯到支付习惯、从注重品牌效应到注重购物体验等,各种领域各个方面都发生了颠覆性变化。

如今，消费主体年轻人，他们喜欢网上购物、喜欢扫码支付、注重购物体验，对于大量的广告宣传，已经有了"免疫力"，多数营销手段对他们似乎已经没了作用。怎么办？用户思维应运而生！

这里有一个雪糕界的网红案例。

> 中街1946是一款"网红雪糕"，身为雪糕界的新兵，只用了一年半的时间，就刷新了多个纪录：4分钟卖出10万支雪糕，登上了天猫"双11"行业爆款清单宝座，成为天猫第一冰品，销售额快速破1亿元。
>
> 中街1946的营销点是新鲜为上，严守"新鲜"底线，从原材料做好管控，从牛皮包装、竹棒签的细节到后期专业的物流配备，每个环节都透露出该品牌的不懈努力与用心经营。
>
> 为了践行"新鲜"的品牌理念，中街1946从三个维度来定义新鲜，即食材的新鲜、时间的新鲜、体验的新鲜。比如加工时需要在牛乳里混入大量的巴旦木颗粒，他们的做法是：先找齐市面上所有的巴旦木种类，选出较满意的进行比较；然后，考核前端工艺链，对生产环境、烘焙环境、卫生条件等进行考核。这样所有食材都能保证是最原始、最新鲜的味道。

用户思维提倡的就是注重用户的感受，从用户的需求出发，无论商品的功能，还是商品的效果，都要在充分了解了用户需求后，再设计和制造出来。

将流量思维转变为用户思维，既是营销的进步，也是企业必须面临的问题，只有做到这一点，才能保证业绩的持续增长。

从"爆款思维"到"小众思维"

"用户为王"的时代,商品的设计、研发、生产和销售等都是围绕用户进行的,甚至还可以说,用户需求直接决定着品牌商品的功能和企业的价值取向。爆品是能够快速聚集大量人气,达到销售火爆的商品。

商品过剩的时代,不具备爆点的商品,就无法取得用户的青睐,只有具有鲜明卖点的商品,才能脱颖而出,受到用户的欢迎。

企业要想成功逆袭,就要独具创新意识,主动打造爆品,还要集中各类资源找准商品的爆卖点。

浙江雅艺科技凭借"火盆"这个小众品类,成为户外家居出海领域的佼佼者,于2021年成功上市,一跃成为"跨境火盆第一股"。

雅艺科技的主要商品为火盆、燃气炉等户外取暖设备,虽然是细分商品,比较小众,但在北美却有着广阔的市场。在美国,人们居住空间比较大,许多家庭都有自己的院子和小花园,人们喜欢布置庭院,在户外招待亲朋好友,聊天、烧烤或派对,因此美国人对户外商品有着极大的需求,火盆便是其中之一。

雅艺科技的商品包含火盆、火盆桌、气炉、气炉桌等,主要为沃尔玛和家得宝供货。售价在几十美元至几百美元不等,商品供不应求。

可见，将小众商品做到用户心里，也能拥有广阔的发展空间。

当然，要想打造爆品，首先要具备爆品思维。只有这样，打造出来的商品才更有爆发力。

（1）爆点就是一个点，一个关键的点、最重要的点、最核心的点。互联网时代的生存法则是借助爆品思维，集中所有资源打造爆品，抢占第一位置；只有单点突破，才能获得流量。

（2）企业打造极致单品，轻装上阵，小步快跑，才能让竞争对手无法超越。

（3）要想打造爆品，就要关注细分市场，专注于一个单品。做好市场调查和商品定位，从细分市场切入，实现精准营销，打造极致的商品，才能在某一领域的细分市场获得更多用户的认可，将商品推向爆品的巅峰。

（4）商品必须以用户利益为中心，具备高性价比，不仅能满足用户基本需求，还能创造更多的用户价值，并超出预期价值。

（5）市场在变，用户需求在变，企业要在变化中寻找需求，实现商品的进化和升级。因为真正的爆品往往也具有长远的市场价值，关键在于更新换代。

（6）企业要想打造爆品，首先就要做好商品，比如：让商品接地气，具有引领消费潮流的功能，能够融入用户个性化需求，具有高品质……只有这样，才能具备爆品的潜质。

（7）从用户"痛点"出发，用差异化手段占领市场，突出商品特色，关注差异化，创意策划，简化广告。

（8）同质化商品越来越多，要着手于提炼卖点。因为卖点可以体现商品有别于其他同类商品的优势、特色和价值。

（9）商品概念要随着时代的改变而提升，设计符合用户需求的商品，让爆款商品更有生命力。

在 to B 营销中，B 端用户相对较少，B 端运营需要更加专业和专注，需要聚焦于某类用户的特定需求。在 C 端商品中，运营通常采用的是爆品思维，即先设计出创新商品,再将其推向市场;但在 B 端商品中,前、中、后的组织架构及业务板块都是闭环状态,需要调动足够的资源来响应 B 端用户需求。运营人员无法制造出大众狂欢的场面,多数只是小众认同的场面,这就是现实,避无可避。

  从用户角度划分,B 端用户是企业级用户,主要包括企业和政府机构,付费用户为组织。C 端用户则是直接面向个人用户,目标用户是海量的。而 B 端主要满足的是企业和政府机构的某个业务部门或部分人的需求,用户面相对较窄,只要确定了所需的产品功能和业务场景,目标用户群体就基本锁定了。所以,B 端商品运营更专业、更专注,专注于某类用户、特定业务场景的需求满足,很难做出爆品的商品,即使做出来,也不具有现实意义。

  因此,在 to B 营销中,更值得关注的是小众思维。

从"快营销"转为"慢营销"

很多人都知道,做商品要慢,因为好商品来自慢功夫。做营销却要快,因为市场机会稍纵即逝,容不得你半点拖拉和犹豫。

快、准、狠,是互联网营销思维的精髓。在野蛮成长的移动互联网时代,快营销变得至关重要,对于某些企业来说,还是其出奇制胜的重要突破口。

如今,在每个人的印象中都能说出几个"快"的营销概念,比如"滴滴一下,马上到家""极速达,不能等"……在品牌传播过程中,"快"这个概念也成了经典说辞。世界上著名的快营销典范,非 ZARA 莫属。

很多人都认为,ZARA 不是通常意义上的好企业。首先,ZARA 没有自己的核心设计能力,每年 ZARA 都会支付一笔开支不小的赔偿金,为模仿各大时装秀的新款服装买单。其次,ZARA 的衣服看上去不太酷,也没有大牌范儿。但是了解 ZARA 的人知道,ZARA 的影响力甚至超过了优衣库,是一家非常值得学习的企业。

ZARA 之所以与众不同,就是因为把品牌的核心建立在"快"字上。它完全放下自我,不断整合时尚元素,不断给用户带来一种新奇和快感。

"快"不等于短命和浅薄,ZARA 为行业带来了巨大的颠覆性认知,让老品牌感受到了挑战。他们形成了快速的供应链，而有自己的工厂是形成快速供应链的前提。

供应链效率的高低决定着企业的运行效率，它们的"快"主要体现在：

企业员工总动员。这一点小米手机做到了，商品的快速迭代是小米手机得到用户欢迎的关键，小米手机不但强调硬件的性价比而且操作系统也经常更新，以提升用户体验，日积月累，就能取得非常惊人的成绩。而真正意义上的员工总动员主要表现在：一是要追求差异性，允许员工自由发表意见，而不是"一言堂"；二是做到"三人行，必有我师"，能够真正倾听一线员工的声音，给予一线员工很大的发言权；三是重视设计、营销等另类人才的价值。

在市场形成"用户总动员"。事实证明，重大事件往往都能引起网友的广泛关注。移动互联网发展到今天，用户的力量已经足够强大。按照传统营销理论，市场变得越来越细分，每个市场都是红海，几乎找不到蓝海。而在移动互联网时代，用户变得越来越聚合，忠诚度越来越高。由此，真正的快营销通常都植根于"聚合用户"这一互联网发展的规律之中。

慢营销是针对快时代的特征而采取的一种应对的策略，这里的"慢"不是没有效率，不是消极等待，而是讲求因时制宜、因地制宜、因人制宜，及时分析现状，找到品牌营销的突破口。

2015年12月，在英国酒业巨头Diageo发布的广告视频中，喜剧演员Nick Offerman坐在炉火边慢慢地喝着一杯Lagavulin威士忌，整整45分钟一句话都没有说。

不同于大多吵吵闹闹、力求吸引观众注意力的营销广告，这则"慢营销"广告视频选择了相对安静的呈现方式。而这种形式正在逐渐进入人们的视野，在喧闹的市场中取得了不错的效果。

要想抓住市场机会，企业就要深度挖掘，在一个极度细分的市场精耕细作；强势品牌要保持商品领先，并不断进行技术创新，实现真正的营销壁垒，让更多的弱势品牌选择更多的细分市场，形成多样立体化的营销发展趋势。

慢营销鼓励以"工匠精神"来做营销，不仅是对商品品质精益求精，更体现在生产和技术系统上的日渐完备。

从本质上来说，慢营销就是对营销不断打磨，通过市场细分、差异化和专业化来重新定位，积极应对竞争；同时深度分析用户在互联网上的购买决策路径，为营销找到合适的切入点。

在 to B 营销中，采用传统的促销活动、价格竞争等，已经无法取得理想的效果，人们对价格的敏感度逐渐降低，反而更关注商品的品质。整个市场已经发生价值转移，如何撬动 B 端消费市场成为各行业都极为关注的话题。

B 端用户通常都是批发订单，定制的比较多，信任度要求比较高，所以不能急，需要足够的耐心跟用户磨合。

B 端商品的周期长、见效慢，需要深耕细作、细心呵护和时间沉淀。用户购买 B 端商品，需要得到长期可持续的服务。

B 端商品规模较大，开发周期偏长，过程复杂，需求变化少，需要更加稳定和安全，在使用过程中服务大于商品功能本身。B 端用户一旦选择了商品，就会做好长期使用的打算，因为更换成本太高。

因此，B 端运营人员要对 B 端商品的复杂性和长期性有心理预期，多一些耐心，无论"快营销"还是"慢营销"，其目的都是不断地满足用户的预期，实现商品升级与需求之间的匹配。

第 8 章
渠道：了解更多，打得更准

社群营销：发挥粉丝效应

社交平台的兴起改变了传统的信息传播方式，在社交平台崛起的今天，内容生产者与内容使用者之间的界限已经不再清晰，两者逐渐趋于融合。

如今活跃在社交平台上的粉丝用户不仅是内容用户，也是内容生产者，不仅能深度参与到企业的营销推广过程中，还能独立进行内容生产。借助互联网沟通类的工具，把目标用户聚集在一起的社群，比如微信群、App 等，通过群内的互动、沟通等，挖掘潜在意向用户，就能达成销售的目的。

郑州的重庆小板凳火锅店，创新出"吧式火锅"的新概念，以"在酒吧里吃火锅"的自由吃饭方式，给用户带来一种全新的体验，一时吸引了很多粉丝。之后，该店通过调研发现女性用户占有较大比重。在对用户进行细分的基础上，门店在其微信订阅号中，有针对性地推送了更多容易引起女性共鸣的内容，比如"婆媳相处，总有惊喜""51 种表达爱的方式"等吸引眼球的话题。通过换位思考的方式，有效提高了信息的阅读率，增强了粉丝黏性，实现了用户间的口碑传播。

社群营销是在网络社区营销及社会化媒体营销基础上发展起来的，是一种用户连接和交流更加紧密的网络营销方式，可以把用户变成粉丝，把粉丝变成朋友。彼此之间有相同或相似的兴趣爱好的人，可以通过某种平台聚集在一起，通过商品的销售或服务，就能满足不同群体的需求。

社群营销的核心是"人"，辅助因素是商品与服务。通过赋予品牌人格化的特征，努力在品牌和用户之间形成感情，让用户保持对品牌的情怀，从而积极热情、不计报酬地宣扬自己偏爱的品牌，达成裂变式的营销效果。

拼多多最成功的营销方法当数拼团砍价的"病毒式"社群营销，这也是最简单、最有效的拉新方式。拼主付款后可以一键分享到微信等社交平台上，从下单到支付，再到最后离开拼单页面，每一个"关卡"都在暗示、引导买家分享……在完成拼团之后，拼主还有机会获得免单券，这也算是另一个变相的鼓励分享。

这种拼团砍价其实就是分销的概念。借助腾讯QQ、微信等大平台流量的助攻，进行社交圈传播；而且朋友、亲戚之间的分享，更能诱导用户产生消费；因为拼团的需求大致是一样的，所以成功率也大大提高。在初期，几乎不用打什么广告，就可以吸引大批用户。

于是，各种拼多多的砍价互助群也跟着应运而生，甚至形成一个完整的生态。这个看似简单的分享、拼团砍价模式，恰恰就是拼多多崛起的关键！如今，拼多多已经将这些玩法操作得炉火纯青，打开拼多多App，各种促销活动眼花缭乱。免费、红包、宝箱、抽奖……要想得到这些好处，用户只要动动手指，把链接转发几个微信群即可。

在流量越来越贵的今天，拼多多就是通过这种方式低价获得用户，实现后来者居上。

社群营销主要是让用户与用户之间多沟通交流，一个社群内如果有几个忠实的老用户的话，他们的每一句话都可以成为你商品的口碑，对于准备购买商品的用户，或者进了社群还没有产生交易想法的用户，将会产生良性的影响。

社群营销具备下列几个优势。

主题内容多。根据商品的属性搭建群组，行业不限，主题不限、地域不限、年龄不限等，只是在人数上有所限制。

方便快捷。可以随时随地搭建群组，互相分享主题内容和商品服务等，目标群体可以直接进行咨询和购买。

互动性强。社群的互动性极强，除了"死群""僵尸群"，目标用户随时都会在群里咨询和提问，群主和管理员可以随时沟通。

社群营销对品牌而言至关重要，无论是创业型企业，还是已经发展到一定规模的成熟型企业，社群营销都是不可或缺的一部分。在品牌效应减弱的当下，要想做好社群营销，"链接"粉丝是一大优势。那么，如何才能"链接"到足够的粉丝呢？

1.为用户提供好的内容

移动互联网的发展，让微信不再仅仅是一个交流平台，更是企业品牌塑造和传播的重要场域。只要能创造出让用户眼前一亮的有价值的内容，就能够吸引和留住更多的粉丝用户。

2.吸引用户参与活动

对于企业来说，有互动才能实现"链接"，有链接才有价值。因此，企业要想从社群中挖掘出更多的商业价值，不仅要吸引更多的粉丝，还要通过各种活动激发粉丝的互动和参与热情，实现成功的粉丝营销。

视频营销：实现低成本变现

随着移动互联网的崛起，短视频应运而生。作为一种新型营销手段，视频营销不仅能精准触达用户，操作得当，还能在短时间内吸引用户的注意，完成从品牌认知到转化的消费闭环。

益达口香糖拍摄了系列微电影《酸甜苦辣》，这个故事历时3载完结，随着故事剧情本身的发展，益达这个品牌也实现了成长。

把商品功能巧妙有力地和短片中的人物事件剧情结合在一起，突出了商品的优越性。故事中，漂亮又韵味十足的面馆老板娘对进来的男主角表现得特别热情，看到女主角生气，男主角通过益达口香糖化解了3人之间的尴尬。该微广告向观众们表达了"益达口香糖代表关爱"的价值。

其实，《酸》《甜》《苦》《辣》4个短片代表了男女主角甜蜜浪漫、刺激而又苦涩的爱情旅程。在每个短片的结尾，展示不同的商品种类和口味，观众朋友也可以根据自己的心境选择不同的口香糖。

益达拍摄的有关用户爱情生活的广告短片，在各大互联网平台上快速传播，引起了成千上万用户的关注，很多用户只要看到一个片段，就会到各大搜索引擎上搜索整部短片，这对益达口香糖来说无疑是一次非常有效的视频营销。

这则经典的爱情微电影，给观众朋友在爱情和生活中带来了一定的启示：益达口香糖关爱着我们，关爱着我们的牙齿，每个口香糖带给我们的都是非常温情的文化理念。

在一次次新的攻势下，不知不觉中益达已经被中国用户所熟知，经典的广告语"嘿，你的益达！不，是你的益达"也被观众记在心里。

益达用视频的广告形式来对自己的品牌进行营销，实现了非常高的实现价值。通过这4则微电影，益达口香糖不仅做了一个非常好的形象宣传，而且使品牌价值更深入人心。

2018年随着《北京女子图鉴》和《上海女子图鉴》的热播，"女子图鉴"变成了火热的标签，随之而来的是"女性独立""女性职场"等热门话题的探讨。天猫借助女子图鉴的热度，发布了一个广告《新鲜女子图鉴》，讲述了一个女孩在城市辛苦打拼的过程中是如何保持新鲜生活的故事。

天猫这则广告面向的是都市年轻人，对于正在奋斗的独立女性来说，能在片中看到自己的影子。天猫通过这个短片向用户灌输了其核心思想——懂得感受生活中的新鲜事物和点滴精彩。这种生活哲学最终落地到了"从喝一杯新鲜好奶开始"。

该广告短片取材于真实的城市生活，短片主角可能就是我们身边的某个人，或许就是你和我。天猫通过《新鲜女子图鉴》，用一杯牛奶新鲜程度的变化去投射片中女主生活状态的改变。牛奶最新鲜的状态，是女主刚刚踏入奋斗征途的开端；随着女主忙到忘记了生活，妈妈交代的每日一杯鲜奶也变得不再重要……

在这个成熟的流量市场中，短视频异军突起，促使用户时间与注意力的重新分配，制造了一波流量新红利，也为广告主创造了营销新机会。

所谓的短视频营销，就是将品牌或商品融入到视频中，通过剧情和段子的形式将其演绎出来，它是广告，但又不仅仅是广告，关键在于用户在看的过程中能认同其理念，使用户产生共鸣并主动下单和传播分享，从而达到裂变引流的目的。

短视频营销之所以受到越来越多的关注，得益于我国短视频用户规模近年来持续保持高速增长，如今短视频已成为营销资本发力布局的重点。短视频之所以适合做营销，主要在于具备这样几个特点：

短而精，内容有趣。5G时代，碎片化时代，人们更喜欢在新媒体平台上观看视频内容，视频时长一般在15秒~5分钟。视频能给用户带来更好的观感体验，表现形式也更生动，能把创作者想要传达的信息更真实、生动地传达给观众。短片的核心理念是以精引人，如果内容不精，无法在短片的前3秒抓住用户，后面的内容毫无意义。

互动性强，社会黏性强。在网络世界里，不管是什么身份，都离不开互动。在各主流的短视频平台上，用户能对视频进行点赞、评论，还可以给视频发布者私信，视频发布者也可以回复评论。如此，就增强了传递者与用户之间的互动，增加了社会黏性，拉近了彼此的距离，实现了深度交流。

创造性的剪辑方法。短片往往采用富有个性和创意的剪辑手法，或制作精美震撼，或使用更有新意的转场和节奏，或加入解说、评论等，让人看了还觉得不过瘾，想再看一遍。

如今，短视频不仅是大众娱乐的重要方式，更是品牌营销的重要阵地。主流的短视频平台，除了抖音，还有快手、"B站"、西瓜视频、皮皮虾等，都拥有着巨大的流量，值得挖掘。短视频的营销，生动形象，交互简单、沉浸度高，随着短视频商业化的不断深入，在玩法的探索与创新层面，也呈现出了越来越多的可能性。那么，初创企业如何才能高效玩转短视频？

1.鼓励用户们积极参与引发裂变

短视频平台，不仅是一个内容消费平台，能曝光品牌信息，更是一个社交平台，可以与用户充分互动，从而激活更深层的互动价值。短视频之所以能受到全民热捧，关键还在于参与感，如今的短视频不再是单向观看，而是双向互动；用户的双手不再闲着，而是不断地上滑下拉、点赞评论、互动转发；可以通过搜索、发现、位置等功能，主动探索心之所好……对于企业来说，可以通过这种强互动的连接方式，调动用户的参与感，提升品牌交互力，并激发用户潜在的裂变式传播力，有效抓住用户注意力，升级营销效能。

2.进行立体化沟通

通常，企业在运用短视频营销时，常规的操作就是开通自己的账号，并把自营内容，进行全渠道分发。不过，这种操作方式，需要品牌本身具备持续创作高品质、趣味性内容的能力，对于一般企业而言，很难做到这一点。

其实，更为取巧的方式，是设计一种有效的互动机制，让用户主动帮助商品创作内容，共创营销，以小成本撬动大传播。此外，作为一个具备社交属性的平台，网红与达人创作的垂类内容，在情感属性与带货效力层面往往都更具优势，可以更好地实现垂类人群的精准转化。

3.一站式完成营销闭环

短视频平台的营销能力，已经众所周知。为了助力品牌提高转化率，短视频营销也可以积极进行开发与建设，推出电商、POI、小程序等商品，更流畅地达成全链路营销。凭借"企业号运营+广告曝光+话题营销+达人营销+电商转化"这一套完整的营销模式，企业就能快速实现规模化曝光，提升商品热度，激发用户的购买意愿，并通过电商组件，打通吸引、体验到沉淀的路径，一站式完成营销闭环。

4.重视粉丝的长效经营

如果企业精心创作的内容，只是为了获取一次性的流量，就有些得不偿失了，内容的深层次利用和粉丝的长效性经营，才是长久之道。

品牌之所以要持续产出精良内容，目的是获取高质量粉丝。用户的价值要大于流量的价值，企业一定要把流量思维转变为用户思维。这些用户，不仅自身的黏度很高，还会积极主动地帮助品牌宣传。随着时间的推移，粉丝价值就会持续增长，成为品牌价值的重要组成部分，与用户建立长久的稳固关系，全面管理用户生命周期，实现对粉丝的长效经营，才能收获更高的回报比，有利于企业的长久发展。

口碑营销：让用户成为品牌代言人

俗话说"金杯银杯不如用户的口碑"，口碑营销确实是一种非常值得投入的形式。如今随着移动互联网的普及，人们能轻松从各种平台接收消息并实现沟通，这就为口碑营销在互联网平台上的爆发提供了条件。打开市场、树立口碑、开发新用户和维护老用户，都是进行口碑营销所必要的步骤。

相信很多用户都知道格力空调，但很少有人知道它的成功主要依赖于口碑营销。

格力追求商品质量的精益求精，在变频离心机的钻研方面实现了重大技术突破，多种技术的完美结合大幅度降低了空调能耗。同时，格力空调的营销理念将商品同节能减排、保护地球环境的绿色健康话题结合起来，引起了用户的普遍关注。

格力知道，商品是否能在预期内建立自身优势，是口碑营销取得成功的关键点之一。针对空气污染现象，其策划团队迅速做出反应，结合社会热点环境话题雾霾做出营销方案，在普及雾霾知识时，顺便穿插商品节能减排、绿色环保的特点，不会引起用户的反感，反而让用户了解到更多商品信息。

格力以生动的方式展现企业致力于保护环境方面所做出的努力，有力宣传了企业的品牌形象与社会责任感，赢得了广大用户的青睐。

通过分析不难发现，格力的品牌文化就是为用户服务、追求极致商品的工匠精神。由此我们也可以看出，企业如果想通过社交媒体工具打造口碑营销，就要拿出配套的好商品，才能使口碑营销产生最好的效果。

口碑营销是以用户的评价传播为核心的一种营销方式，让用户主动为商品做宣传，才能在用户之间形成口口相传的口碑。企业借助相关的口碑传播渠道，可以进行品牌的曝光、提高品牌形象，最终赢得用户的满意度与忠诚度，实现营销目标。

口碑是人们对品牌及商品的看法，是企业必须重视的问题。凭借过硬的服务和商品质量，不仅能在用户群体中获得良好的口碑，带动企业的市场份额，还能为企业的长期发展打下坚实的基础，节省大量的广告宣传费用。企业的商品或服务拥有了良好的口碑，其他的营销都会变得简单。

在信息大爆炸的今天，人们会被动地接触到各类广告媒体，新老商品的推广广告接踵而来。有报告显示：在用户有相应需求时，他们往往先通过身边的亲朋好友了解某相关商品或公司的口碑；而且，亲朋好友的建议对最终决策起到了很大的作用。这就告诉我们，在商品质量和价格相差无几的情况下，人们往往会选择拥有优质口碑的那一个。拥有良好的口碑，才能影响企业向更好的方向发展，也有利于企业商品的销售和推广。

随着年轻一代逐渐成为消费的新主力，只要品牌能够成为他们的"社交货币"，为他们带来独有的身份归属感和认同感，他们就愿意为之买单，还会自发地宣传，实现传播的裂变，带来用户的增长。

营销大师马克休斯曾提出过一个经典的营销手法，即"借由口耳相传，让品牌与商品信息传遍全世界"。口碑营销对企业的重要性不言而喻。那么，究竟该怎么做口碑营销？

1.为用户提供免费商品或服务

免费，是当前网络营销的主流，不过需要注意的是，免费的"样品"也一定是有价值的。比如，屏幕录像专家这款软件。为什么很多需要屏幕录像的朋友会首先选择它呢？因为用户可以免费录制，用户需要的功能又能实现，自然能够实现广泛的、呈几何增长的口耳相传效果。

2.资源互换，实现双赢

比如甲是卖手机壳的，乙是从事手机贴膜的，甲乙二人就可以进行资源的互换，实现深度合作；甲的用户，如果对甲满意，需要贴膜时，甲就可以将他推荐给乙，这时候用户多半都会相信甲的推荐，因为甲已经把服务做到位了，用户体验不错，也就产生了信任。对于乙来说，不仅能增加一个用户，也可以将自己的用户推荐给甲。这种口碑宣传，常见于各种业务合作。

需要注意的是，这种业务合作式的口碑宣传，必须先保证对方是靠谱的；否则，你向用户推荐了对方，而对方出现了问题，你可能会丧失这个用户，因为用户之所以会相信他，主要是因为相信你。

3.给用户超预期的体验

经常浏览朋友圈的人可能都知道，很多口耳相传的、被晒得最多的，往往是自己最惊喜以及感觉自己获得某项特独的待遇、感受。

想要做好口碑宣传，就要超乎用户的预期，比如用户以为某商品就是存在某些弊端，但你通过自己的努力，让这些弊端不再明显。这就是超乎预期的惊喜，用户会自发地进行宣传，实现口耳相传。

4.用户的肯定，是最好的广告

这种广告模式，常见于各种汽车品牌，比如金龙客车最开始做的平面广告，取得了不错的效果，于是同行就开始模仿，也取得不错的效果。不管谁模仿谁，这种思路是值得肯定的。这种方式，其实跟淘宝店里晒用户的肯定评价意思一样。这就是通过口碑宣传，让用户去口耳相传。因为用户肯定的，才是最好的广告。

全域营销：突破营销的格局

全域营销是对数字营销的一次进阶式升级。借助数据的支持，针对人的数据收集、整合和挖掘，营销就能从面对群体的营销转变为细分到不同场景下的、面对每个人的个性化营销。

2020年6月开始，三只松鼠陆续推出了小鹿蓝蓝、铁功基、养了个毛孩、喜小雀等4个子品牌，分别切入婴童食品、方便速食、宠物食品、婚庆定制的细分市场。刚上市几个月，恰逢"双11"，4个子品牌开始展露锋芒：小鹿蓝蓝"双11"的整体销量超1800万元，位居宝宝零食品类第一；铁功基的爆款杂粮米饭售出20万盒，很快断货；养了个毛孩的口袋猫饭爆卖60万袋；喜小雀上线68天，拿下了"喜糖喜饼行业第一"的成绩。

可以看到，随着流量环境的变化和新的营销工具出现，三只松鼠也改变了自己的营销打法，全域化成为关键词。把以往注重品牌类的单一营销模式，转化成以"事件传播+精准投放+品牌曝光"三者合一的数字化模式，充分优化了营销格局，使营销投放的效率得到提升，快速帮新品牌在前期打开了局面。

另外，三只松鼠充分利用多年积累的多渠道的品牌自有数据，用全域营销的逻辑进行分层洞察，统一管理，为多品牌在"双11"的重要亮相进行了有力助推。

全域共振，让新品牌快速度过启动期。

过去，营销都是一次性的。营销界的实践者即使知道用户管理是非常简单的概念，也只能停留在概念层面。而全域营销则是通过数字技术管理用户关系，分析用户行为，最终把用户跟品牌的关系用数据表达出来，关系可视、可被管理、可被运营。

2016年11月底，阿里巴巴集团正式推出了"Uni Marketing 全域营销"，那时还仅仅是一个方法论。一年之后，当有些人还在问全域营销是什么时，其全域营销已经完成了从0到1的过程，从方法论变成了真正可以落地的商品，更多的企业和品牌已经参与到全域运营的共创中，阿里巴巴成为这场营销实验的革新者。通过方法论与实践的结合，更多可被复制的框架和系统被搭建，最终成为一种普惠型的全域营销解决方案。

所谓全域营销就是，将各类可触达的用户渠道资源整合到一起，建立一个全链路、精准、高效、可衡量的渠道营销体系。互联网尤其是移动互联网，使得用户的个体力量得到放大，不同用户的需求也变得更加细分和独特，传统的广播式、大众化营销传播也变得效率低下。

全域营销突破了营销的格局，在营销场景越发碎片化和细分化的背景下，全域营销变革自然也就成了顺应时代潮流的产物。

1. 全链路

经典的用户链路有认知（Aware）、兴趣（Interest）、购买（Purchase）和忠诚（Loyalty）等四个维度。运用全域营销时，企业既要考虑到这些维度，还要思考如何做出决策与如何付诸行动。

全域营销能够在一些关键性节点上为企业提供工具型商品，帮助企业完成与用户之间的一个行为闭环。盒马鲜生就对选购商品、陈列商品、拣货操作、传输系统，一直到配送到家的各个环节都进行了精心设计，实现了整个供应链的贯通和联动,最大限度地保证了运营效率,又降低了综合成本。

盒马鲜生采用了全链路营销模式,从用户体验入手,值得广大企业学习和借鉴。用户产生购物需求后,就能通过盒马鲜生线下门店或线上平台两种渠道购买商品。

在线上平台,盒马鲜生承诺"3公里30分钟送达"。为了完成这一承诺,在订单生成后,扫码、拣货、传送、打包、配送等各个环节都必须有序且高效进行。

在线下门店运营中,生鲜商品占了盒马鲜生的主要盈利份额,但这类商品通常都无法久存,盒马鲜生就提供了堂食区和加工服务。此举优化了用户的消费体验,增加了用户流量、提高了门店人气,可以说是一举多得。

此外,店内还安装了连接商品陈列区和后仓的传送滑道,大大缩减线上订单传输到后仓进行打包的环节,节省了大量的人力和物力。

2. 全媒体

随着互联网的快速发展,移动传媒渠道得以普及,报纸、电视、互联网、移动互联网共同构成了当前的主要传播渠道,简称"全媒体传播渠道",于是,为了提高营销效果,越来越多的企业开始建立自己的全媒体传播渠道。

海尔围绕微信、微博等平台,建立起了自己的全媒体矩阵。2020年5月,海尔员工因救人被公司奖励一套房,运营人员在微信、微博里对这一事件进行了发布,并引发了大量媒体进行报道和转发。

虽然这件事是突发的,但也在另一方面证明海尔的新媒体运营团队在全媒体传播渠道方面确实有着充足的准备。

3. 全数据

大数据时代，用户识别、用户服务、用户触达等都能实现数据化，数据以其自身巨大的价值，在全域营销中占据着非常重要的地位。

数据可以带动业务的增长，也能更好地为用户提供服务。在为企业内部提供服务时，可以使其实现真正意义上的数字化管理；在为用户提供服务时，能够保证服务的个性化。企业想要发挥全数据的效果，就要将资讯系统与决策流程紧密结合起来，在最短的时间内回应用户的需求，做出可以立刻执行的合理决策。

4. 全渠道

企业想要实现全渠道营销，需要把握三个关键点：保证线上线下同款同价、重视用户的消费体验和打通全渠道数据。

对于用户来说，无论是在线上还是在线下，最重要的需求是能够愉快且高效地购买到自己需要的商品。因此，企业要想实现全渠道营销，就要不断优化用户的消费体验，为用户带来最好的消费体验；另外，还要从传统的标准化驱动逐渐转变为个性化定制。

打通线上线下门店、完善社交自媒体内容平台、建立线上线下会员体系、统计分析线下线上营销数据等是实现全渠道营销的关键，可以让用户获得优质体验，增强对企业的好感。

社区营销：建立信任关系

对于企业来说，社区营销俨然成为线下最大的消费场景，更多品牌都已建立了属于自己的用户社区，积极参与到与用户的互动和共创中来，完成用户洞察、新品与创意的营销、试销、反馈、会员活动等。随着社区时代的来临，作为传播商品渠道，社区营销可以将大众传播的巨大潜力淋漓尽致地展示出来。

疫情三年，很多水果店都难以为继，但同样是水果店，百果园为什么能在疫情期间扭亏为盈，年入百亿呢？

首先，引导用户添加微信。百果园引导用户添加微信，以门店作为入口加人，用户只要去百果园购物，导购人员就会利用一元购、优惠券等作为福利，吸引用户入群。做社群运营前，百果园先通过微信生态，打造了用户管理体系；导购人员引导用户入群之前，会邀请用户注册会员，实现用户的数字化管理。在这个过程中，就能获取用户的一系列信息，并根据用户的购物行为，获取用户画像，实现标签化运营。

其次，打造微信生态商业闭环。有了用户画像，就能实现"门店+社群+小程序+公众号"的商业闭环。其中，门店的功能主要是为用户提供线下体验和入口。而社群的作用就是通过活动，增加粉丝的黏性，为粉丝提供持续的商品介绍及服务。店主（社群管理员）可以根据社群人群需求，在社群推荐新品、活动、优惠等内容，驱动老用户复购；还能用微信视频号、公众号等，把内容分享到社群，实现营销裂变。通过"线上＋线下"的玩法，百果园几乎垄断了附近三公里的市场。

最后，用户精细化运营。购买过水果的用户，会被打上"爱水果"的标签，只要有新鲜水果上市或做水果促销活动，就会定向通知有"爱水果"标签的用户前来购买；购买次数在3次以上、购买频率较高、累计消费金额500元以上，就会成为重要用户，发放优惠券；通过不同渠道进到系统的用户，也会打不同的标签，推送不同的商品，促销价格也会有所不同；给贡献价值高的用户打上标签，找出这些用户的属性，进行用户分析，让广告投放渠道更精准。

百果园了解了用户需求，成功做到了精细化的社群营销，减少了成本，提高了复购率，增加了营收。

在线下流量枯竭、市场严重同质化竞争的今天，实体门店想要生存，必须根据用户的需求，打造属于自己的商业闭环。作为一种矩阵式营销推动模式，社区营销能够为企业发现用户、找到用户、维护用户，继而实现销售和持续销售。

如今的市场环境异常复杂，企业必须把营销工作做精做细，主动向前端延伸，在新零售的趋势下，以终端为平台展开营销创新，不能还像以前那样，仅将其作为一个卖货交易的地方，更应该成为提升用户体验的场所。而社区营销能提前锁定用户，促使用户到终端感受和体验商品，从而产生直接销售，最终激活全盘。

红牛能量足球社区以足球赛事为主题，囊括了最能量球员、最能量球队、最能量赛事等板块，就像足球论坛一般。社区会通过积分将足球主题与红牛品牌进行捆绑，用户只要在论坛发帖、评论等，就能获取相应积分，可用于兑换球星球衣、红牛相关运动商品等。

红牛能量足球社区借助大量的足球相关内容讨论，强化了红牛以"运动"为主题的品牌精神，借助时下热门的英超等赛事来吸引用户参与社区，借助体育运动建立独特品牌形象。

社区营销直接面对消费人群，目标人群准确而集中，宣传比较有效也有利于口碑宣传，且投入少，见效快，有利于资金迅速回笼，可以作为普遍宣传手段使用，也可以针对特定目标，组织特殊人群进行重点宣传；直接掌握用户反馈信息，针对用户需求，及时对宣传策略和宣传方向进行调查与调整。

当今社会，受众每天都要经受无数广告的狂轰滥炸，体内都早已产生了强大的"广告免疫抗原"，而面对跟他们关系密切的人群传达的信息，警惕性和反抗性会大大降低。真正对购买决策起决定作用的或许就是好友的一句推荐和社区中一条评论商品的帖子，并非铺天盖地的广告语。有了这种信任，信息传播效率和速度自然也就提高了。

在锁定的社区内，借助各种社区媒体、社区工具、社区活动来实施传播和服务策略，跟社区进行精准的、可分析的传播互动，就能管理沟通信息，整合有效传播资源，使传播更精准、更实效，企业就能够很容易掌握大量的用户资源。

因此，要想取得创业的成功，就要重视社区营销，构建壁垒，主动寻找、开发新用户，激活老用户，在社区范围内制造流量。

1. 社区营销的4大要素

在设计社交营销活动之前，要定义这些因素，并在设计时将它们保持在重要位置。

（1）商品。要尽可能地以有吸引力的方式将商品呈现给用户。确保用户可以快速轻松地理解你的商品及其特点优势。

（2）价格。价格要符合价值，符合社群内普遍人群的期待。

（3）位置。你希望用户在什么地方表现出购买行为？你就应该在这个地方进行销售。

（4）促销。哪些渠道可以帮助你更好地吸引用户关注，就可以进行哪些营销活动。例如音乐会、博览会和社区日等。

2. 社区营销的方式

（1）制造"病毒"。目前，网络社区内展开的营销行为，主要包括创意互动事件营销、普通品牌广告、效果联盟推广等。作为人气集中的社区，多半都会使用普通品牌广告、联盟推广等广告模式。但是，这几种模式只能将社区作为一种普通媒体，是一种硬性的广告购买。对于企业来讲，需要充分利用社区媒体特性开展互动型营销。其核心是抛开抢占媒体后就可向受众疯狂推送的传统思路，将品牌信息包装成具备话题性和自发传播性的"病毒"，让用户自愿成为核裂变式传播的一个节点，释放出社区营销的原始力量。

（2）鼓励大众参与。要想将社区营销发挥到极致，就要充分调动网友的力量，一起参与到品牌的构建中。一个网友的力量可能微不足道，但千万个网友组成的长尾智慧，足以横扫一切。其实，这里重要的不是广告作品本身，而是网友全身心投入参与到品牌构建的过程，会在他们心中打上深深的品牌印迹。不过，品牌应更加注重商品、服务本身质量的提升，没有过硬的质量，网友的口水足以将品牌淹死。

（3）跟舆论领袖建立联系。社区中总会存在一些舆论领袖，他们是社区的活跃分子与精神教父，有着较强的公信力和影响力。借助他们的力量来"收编长尾"，才是高效传播之道。很多的商品，在一开始默默无闻，后来被社区管理员发现，进行力推，经过舆论领袖的推荐和引导，就能产生不一样的轰动效应。

（4）真诚待人。在社区中，人们对事物的判断不再是个人的判断，而是群体智慧的判断。弄虚作假，很容易被群体智慧揭穿，也容易与社区群体形成对立紧张的气氛。此时，本来期望在社区营销中获得"一传十，十传百，百传千千万"的良好口碑效果，结果却事与愿违。

（5）建立自己的品牌社区。用户往往都对某一品牌怀有特殊偏爱，如果觉得某品牌所承载的价值观以及所宣扬的个性与自身的价值观和个性相契合，就会在心理上产生共鸣，觉得自己归属于一个具有共享价值观的群体。基于此，共享的价值观、共有的"仪式"和责任感也就成了品牌社区的三大特征，而网络社区正是实现品牌社区的最便捷方式。

第 9 章

实战：小微企业如何做好营销

不懂营销，创业不成

取一个朗朗上口的名字

古人云："宁可生错命，不可取错名。"对于产品来说，也是同样的道理。面对竞争激烈的市场，为自己的产品起一个有竞争力的好名字，就能更有效地实现定位和传播，好的名字不仅容易让用户记住，还能降低转介绍的难度，更有利于商品的顺利推广，持续节省营销费用。

名字会伴随商品或企业的一生。即使你的商品或项目再好，名字起得不理想，甚至跟商品本身没太多关联，进行推广时用户根本就记不住，更不会产生联想，品牌推广起来也会很费劲。

公司的形象在一定程度上由名字决定。比如苹果（Apple）、可口可乐（Coca-Cola）、无印良品（Muji）、宜家（IKEA）等世界一流品牌，从名字就可以了解到它们的商品气质。

还有一些比较有趣的品牌名，比如做旧物的项目平台叫"小旧子"，谐音"小舅子"；拌面品牌"怎么拌"；上门服务"马上到家"；美食电商社区"下厨房"；零食品牌"张君雅小妹妹"；私厨"回家吃饭"；零食"三只松鼠"……这些名字都通俗易懂，容易和日常生活中常见的事物产生更多的联想和关联，拉近了品牌与用户的距离。

再举几个公认的好名字：

汰渍（Tide）和帮宝适（Pampers），翻译后名字简洁好记，还强化了商品特点。"汰渍"直接是淘汰（去掉）污渍的意思，而"帮宝适"则突出了品牌可以给宝宝提供舒适商品的特点。

有些休闲食品品牌在命名时，汉语叠音的韵律感和节奏感可以带来奇效，比如娃哈哈、趣多多、奥利奥等。可口可乐也很经典，名字既对称，又间隔叠音，像古诗词一样吸引人。

名字是品牌传递给用户的第一道信息，也是品牌给用户的第一印象。在今天的商业市场中，只要占有"高颜值"的标签，人们就会对一个人的内在产生好奇心，继而更想探究——这也是人性。而一个朗朗上口的名字，恰恰能让品牌给用户留下好的第一印象，在"占领用户心智"这个关键点上，发挥了举足轻重的作用。

所谓好名字就是，言之有物，用户一听就知道你是干什么的。比如五粮液、商务通、好记星、文曲星、好孩子等名字就清晰地将自己的定位或卖点蕴含其中，用户一目了然。用名字吸引用户，再用精良的内容和体验留住用户，就实现了名字和商品的完美配合。就像谈恋爱一样：始于颜值，陷于才华，忠于人品。

在社交媒体发达的今天，一个朗朗上口的名字，能够帮助商品和项目脱颖而出，快速树立形象，引发用户自传播。再加上优质的服务和质量，就很容易在社交媒体靠自传播火起来。那么，这样的名字该满足什么条件才能更具有传播效果呢？

1. 要通用

名字的含义不能太过接近某一细分商品本身，要像一个通用名称，适用于该类别中的所有商品，而不是一个特定的类目。也就是说，好的品牌名看起来、听起来都要像一个品牌名，而不是像一个专用的名词。

例如"德州扒鸡"，地名德州就不容易产生品牌反应，用户就可能不会把它当成一个品牌，而当成一个品类去对待，竞品就会多了一些模仿机会，这就是没有品牌效应的名字。为了产生足够的品牌反应，德州扒鸡可以将自己表述成"德州"牌扒鸡。

2. 能定位

缺乏品牌表达的名字，一般都无法进入人们的心智，因此必须起一个能启动定位程序的名字，一个能告诉潜在用户该商品主要特点的名字。也就是说，当用户看到或听到品牌名，就能猜到品牌大概经营什么品类、具备什么特性、能够产生什么价值感。还要符合品牌实际定位，最起码不能有悖于商品的实际定位。比如农夫山泉、百果园、鲜橙多等都是有商品定位功能的好名字。

3. 易传播

品牌名要易于传播，要尽可能降低传播负担，增加传播机会。

（1）听音知名。所谓听音知名，就是用户一听就知道是哪儿个字，不用多做解释。比如小米、拼多多、淘宝、一加一、百果园等。做不到这一点，在口碑传播的时候用户就需要反复解释，很麻烦，增加了传播的负担和成本。而要做到听音知名，重要的一点就是使用常用字，不能使用生僻字、汉字数字组合、汉字英文组合以及字母缩写等形式。

（2）简短易记。要想被记住，名字要简短，不要太长。在汉语中，品牌名最好是两个字或三个字，例如瓜子、猎豹、支付宝等。单字在汉语中基本没有品牌反应，需要附加"牌"字，例如柒牌、马牌、雕牌等。如果用四个字，品牌名的定位反应就要足够强，能够直接联想到品类。否则，就不容易记忆了，只能增加传播成本。四个字以上的，可以完全舍弃。因为用户谈论或进行口碑传播的时候，会自动回避长名字，所以四字以上的名字容易失去传播的机会。

（3）有画面感。容易转化为画面的名字，更容易被记住。比如听到"农夫山泉"，脑海里就会立即浮现出"农夫"和"山泉"的画面，伴随着"农夫山泉有点甜"的广告语，好像真能品尝到它的"甜"。听到"蒙牛"，人们就会联想到"内蒙古的牛"，散养的牛、蓝天、白云、青草、悠闲健康……自然就是好牛奶。

4.不能混淆

好的品牌名应当避免混淆，不要与大众都知道的名字太相似。与知名品牌相似，会让用户觉得你是个"山寨"品牌。

在这一点，珠宝领域最明显。周大福、周六福、周生生、周大生……是不是很乱？即使你是首创品牌，也容易被人当成是"山寨"的。

门头准确表达你做的是什么

如果你开了一家门店，在日常营销中，如何让自己的门店与众不同、脱颖而出？如果不能与其他门店区别开，没有差异化，就不可能让用户产生尝试一下的冲动。因此，在营销中，可以从一些细节出手。比如门头设计。

一锅到底成立于2015年，有多家门店，门店面积在500~700平方米。

为了提高商品标准化操作，便于品牌复制和扩张，抢占线上线下流量，一锅到底的门头设计统一采用了大量留白的手法，给用户留有足够的想象空间，打造了极简轻奢的风格感受。

牛油锅底是重庆火锅的特色，而好的牛油又是该品牌的核心卖点，一锅到底选用牛油橘色作为品牌代表色，为了强调品牌优势，门头也大面积运用了品牌色。

为了突出商品的核心特征，为品牌增加信任，还在门头上体现出"奶香牛油锅"的字样，把品牌的优势反复讲给用户听。

门头是品牌视觉营销的重要内容，是流量转化的重要入口，是帮助门店吸引用户注意力的秘密武器，不仅要美观，更要精准传达品牌信息和内核文化。

第9章　实战：小微企业如何做好营销

如果想吸引用户的注意力，增加企业或品牌的曝光度和关注度，就必须关注门头的作用。想象一下，在一条繁忙的美食街上，两边都是美食门店，如果你的店面面积又小，装修又一般，如何吸引来来往往的人流？除非你的美食已经名声在外。要想让人第一眼看到你的门店，首先就要重视门店的门头。

2004年，第一家嘉和一品在清华大学附近开业，经过多年的发展，嘉和一品已经在北京开设了100多家餐厅。已经从当初的粥铺也发展成为集高品质农商品及食品销售、餐饮连锁经营、便民生活服务于一体的多元化健康饮食服务提供商。

其门头摒弃以往传统标注"养生餐饮"标语的风格，使用简约时尚的设计方式，传达出"健康"的品牌理念；为了区分主次，还放大了"粥"字的属性。

门头采用红色的Logo搭配新的宣传语"一碗粥的小幸福"，用白色的荧光字进行体现。

门头清晰明了展现出品牌的形象以及"明星商品"，可以让用户快速、准确地定位品牌价值，实现引流效果，增加品牌转化率。

好看的门头千篇一律，可以精准营销的门头万里挑一。一个优秀的门头通常都包括：品类、宣传语、品牌色、文化、亮度等5要素，可以将品牌的核心观念和商品信息传递给用户，实现迅速获客。数据显示，门头吸引用户的数量占门店流量的30%。对门头来说，吸引用户有一个"3秒效应"，即能不能吸引到用户走进来，用户将在3秒内决定。

门头是门店重要的传播媒体，更是门店在商圈免费的广告位。因为位置原因，门头就是门店最有效的营销员，担任着3个非常重要的使命：

1.让用户发现门店，吸引到的用户越多越好，吸引的范围越远越好。

2.让用户知道这家店面的销售内容，只有知道你是卖什么的，人们下次有需求的时候，才会想到你的门店。

3.让大家有想进去的欲望。很多门店招牌够大、字够亮，别人也知道你是卖什么的，就是不愿意进去，为什么？这时候，就要在门头上给他一个进店的理由。比如你是多少年的老店？你家每年都卖出多少份招牌商品？把用户进店的理由提炼出来，再通过门头宣传出去。

那么，如何设计门头呢？

1.字体简单好认

为了尽可能地让更多人看懂门店的经营内容，字体越简单越好认越好，不要给用户带来识别难度。尽量不要使用繁体字或者英文，也不要使用生僻字以及艺术化后的艺术字体。想象一下，停留在门前的客人，连店名叫什么都不知道，又怎么敢进去呢？

2.文字越大越好

很多老板为了追求格调，把门头招牌设计得像艺术展览中的作品，留出大片的留白。其实作为一家门店，最重要的是从满街的招牌中脱颖而出，让用户能一眼看到你，字体变大，就能增加被发现的概率。

3.符号越通俗越好

大俗即大雅，门头符号自然也是越通俗易懂越好。甚至很多餐厅已经没有了图形符号，都是简单的"餐厅名+品类名"。

4.颜色越突出越好

门头的颜色不仅取决于店面的整体风格决定，还应该由品牌的调性决定，比如出售柠檬饮品的店铺采用黄色门头，火锅店采用红色等。设计门头时，要尽量选择与相邻店不同的颜色，突出自家的门头，继而形成品牌记忆。

5.广告语越直白越好

门头广告语只要做到让用户知道你卖什么就好，不要太过烦琐，因为用户根本不会看太多的文字。比如"好空调、格力造""怕上火，喝王老吉"都可作为参考。

一句打动人心的广告语

一句打动人心的广告语，可以引起共鸣，将信息、气质或者情绪植入受众的认知中，让品牌形象深入人心。举几个例子简单分析：

案例1：

> 卡地亚首饰的广告语："以时光之名，许一生之诺，经过这么长时间，希望我依然是你最爱的人"。

前半句是一种定义——从时光的角度赋予商品承诺的意义；后半句更加感性，商品代表着"爱情的恒久"，是一种深情的期望和祈祷。这句话之所以能打动人，是因为给人们营造了一种"长久"与"永恒"的感觉。尤其是在如今节奏非常快的时代里，人与人之间不敢轻易打开心扉，不相信感情可以历尽千帆，依旧如一。这时候，这种"互相陪伴与坚守"的诺言，就显得弥足珍贵，令人感慨。

案例2：

> 农夫山泉的广告语："我们不生产水，我们只是大自然的搬运工。"

一句话就说明了农夫山泉的水有别于人工加工过的水商品,是将自然界的水送到用户手中,体现了健康、纯真的商品特点。

用一句话击中人心,是打开与用户交流的第一步,也是最关键的一步。事实证明,一条好的广告语不仅能快速打开、占领用户的心智,还能与品牌的战略互相呼应。那么,如何才能设计打动人心的广告呢?

1.什么是好的广告语

要想打造一条好的广告语,首先就要知道什么样的广告语才是好的。这里,判断的标准并不唯一,但至少要做到以下几点:

(1)广告语要保持同步改变。广告语要与品牌的战略保持一致,品牌战略发生变化时广告语也要保持同步的改变。但需要强调的是,这种改变并不是对以往宣传策略的全盘否定,而是在坚持品牌核心竞争力的前提下做出适度的调整。比如德芙巧克力的广告语:"牛奶香浓,丝般感受""德芙此刻尽丝滑""浪漫时光,纵享丝滑""怪它过分丝滑",不管怎么变,都在强调它的丝滑口感,而这也是德芙巧克力的核心竞争力。

(2)在目标用户与潜在用户之间找到平衡点。对商品的目标用户群进行精准定位,并不意味着要把其他用户排除在外,在直击目标用户的同时,更要将其他潜在用户变成现实用户。比如万宝路香烟的"牛仔形象"展示了男子气概,容易被认为是男性香烟,将女性用户排除在外,但现实中,很多抱有"牛仔情结"的女性用户也会选择购买它。

(3)既能体现品质,又能直击人心。广告既是一门艺术,也是一门心理学。因此,好的广告语既要体现品质,又能直击人心。在广告中,品质指的是文采,既然要直击人心,就要通俗易懂。这方面既有成功的案例,也有失败的教训。比如乐事薯片的广告语"片片刻刻有乐事",既包含了薯片形象,又传递了休闲娱乐的商品诉求,同时简洁明快、朗朗上口;而怡宝矿泉水的广告语"你我的怡宝"就显得很平庸,既没有找准用户的需求,又毫无文采可言。

(4)广告语要符合公司战略。每一条广告语背后都承载着公司的战略职责。比如在用户认知中无强势品牌时,喜之郎果冻欲成为整个市场的霸主,广告语"果冻我要喜之郎"就承担着"果冻=喜之郎"的战略职责。

（5）能解决用户内心冲突。好的广告语，只要一出现，就能立刻引起用户内心震动，解决他们的生理和心理冲突，提高用户的购买欲望。比如喜欢吃火锅的人，吃火锅时却担心上火，王老吉的广告语"怕上火，喝王老吉"就很好地解决了这个问题。

（6）可以直击竞争对手弱点。处在大竞争时代，需求总额大局已定，销售也可以源于竞争对手的遗漏之处，广告语直接喊出竞品或其他同类商品的弱点，强化自身优势，用户可能就会放弃之前使用的品牌。

2.广告语的创作方法

要想创造好的广告语，就要重点关注以下几点。

（1）切合企业所要传播的定位。广告语是品牌主张的集中体现，在广告中起到非常关键的作用。事实上，无论做什么类型的广告，包括电视广告、平面广告等，首先都要明确定位，然后再进行各项表现。广告语同样如此，必须符合品牌或企业的定位。之后，进行创作和提炼，形成一句有效的传播口号，即我们所说的广告语。

在这方面，宝洁公司的几个洗发水品牌做得非常好。比如海飞丝的广告语"头屑去无踪，秀发更出众""去头屑，让你靠得更近"就将它的定位明确地传达出来了——主要的独特卖点"去头屑"；飘柔广告语"亮丽、自然、光泽"与"柔顺头发"的卖点定位一致；潘婷广告语"独含VB5，滋养你的秀发"与"营养头发"的卖点定位一致。

（2）具备一定的冲击力和感染力。好的广告语能够打动用户，让人们在情感上产生共鸣，从而认同它、接受它，甚至主动传播它。比如"冷热酸甜，想吃就吃"，或许你已经好久没有看过或见过冷酸灵牙膏的广告了，却依然记得，印象深刻。

（3）便于传播，易读易记。广告语不能说得太多、太长，要注意信息的单一性，一般以6~12个字为宜。卖点太多，语句太长，都不便于记忆和传播。以下两句广告语，就非常简短，一语中的，让人印象深刻："新一代的选择"（百事可乐），"想想还是小的好"（大众甲克虫汽车）等。

（4）讲究语言文采。好的广告语，能让人们回味良久。比如"钻石恒久远，一颗永流传""滴滴香浓，意犹未尽"等，都言尽其意，堪称经典。

3.广告语创作的禁忌

在广告语创作的过程中，下列禁忌也是需要注意的。

（1）不要太过恶俗。广告语采用强行推销的手法，容易让人讨厌。比如脑白金的"今年过年不送礼，送礼只送脑白金"。这种广告语，很容易让人反感，似乎不买它就不行，送礼只能送它。

（2）不要大众化。广告语只是表现出商品品类共同的东西，没有自己独特的地方，就无法打动用户。比如洗衣粉广告只说"洗得干净"，饮料说"味道好喝"等，就没有表现出商品的独特之处。

（3）诉求点不要太多。什么都想说，就什么都说不好。广告理论中有一个非常重要的点，就是"只说一点"，只要这一点对用户有吸引力，就能打动用户，多了反而赘余。

（4）不要模仿他人。模仿他人，不容易出众。缺乏差异性，不仅无法吸引人们的注意力，更无法让人们记住，甚至产生消极影响。

第9章 实战：小微企业如何做好营销

做好3公里内的饱和营销

近几年来，用户对购物体验的重视程度不断升级，对体验更加重视，单一的商品提供模式已经无法满足用户的需求，增加用户体验、利用商品以外的附加体验来吸引用户成为了企业制胜的又一法宝。

企业竞争硝烟四起——价格战、趣味战、节日战、创新战……玩法层出不穷，但真正笑到最后的，必然是抓住用户心智、得到用户传播、更会营销的那个！随着渠道下沉和互联网对企业和商家的高渗透，企业的转型压力已达到历史高点，应对方法之一就是锁定"3公里内"。

在福建，有一家来自于新加坡的连锁餐厅，该品牌国内门店较少，且分散在不同城市，在广告投放策略上，针对有吸客力的商品，在有聚客力的地段，集中投放。

餐厅曾在3公里之内的地铁站进出口，做了个颇具意味的"三联排"，3个牌子做同一个内容的广告。为什么要将同一个内容做3遍？餐厅认为，将同样的内容放在一起、反复出现，更有震撼力。这家餐厅不用促销来做广告，而是用食材、一道菜肴来做主题。这样做，既能体现出菜肴的品质，又能达到品牌推广的目的，给用户留下深刻的印象。

该餐厅之所以重视周边3公里的营销，主要是因为就餐频率高的用户大多生活在餐厅附近。3公里内的用户每月来5次，自然胜过专门到店的用户每月来3次。在周围3公里内，餐厅经常会做一些公益活动。比如跟居委会保持联系，重阳节免费送豆浆给小区里的老人；在各种大型考试前，针对学生做考前"满分套餐""逢考必过符"（优惠券）等；针对3公里内的老人和学生，特别推出了老人卡和学生卡。

这些地推活动，与餐厅品牌所倡导的价值观念相符，和餐厅周边的用户实现了有效互动。

"3公里营销法"，顾名思义，就是对以你的门店为中心，在方圆3公里内的社区和商圈做营销。按照"分区域、分层次、分用户"的营销思路，就能在巩固用户群的基础上，拓展辐射范围，促进品牌的长期稳健发展。

互联网商业时代，信息传播能力和数据分析能力不断强化。企业之间的竞争，关键在于能否给用户打造新鲜的体验，这也是影响商家3公里生活圈效应的重要因素。所谓"始终新鲜的体验"，包括耳目一新的门店布置、差异化的商品和服务等。

在传统思维里，认为要想提高营销效果，首先就要更大范围宣传，无限放大传播边界。随着互联网广告的兴起，过去"不知道浪费在哪里的另一半广告成本"正被逐渐发现，成本高让营销变得越来越应该"斤斤计较"。

坚持低成本拓展推广原则，抓住营销的强地域属性，企业就能根据投放商品（服务）的自身属性，划定营销边界。要想打造3公里内的饱和营销，就要摆脱传统门店的结构和经营思维，将线上线下融合到一起，导入数据管理，融入新营销理念，不断强化企业思维张力和服务能力。具体来说，要想做好3公里营销，就要这样做：

1. 提高商品质量和服务能力

要想聚拢流量，就要为用户提供良好的商品和优质服务。比如胖东来之所以能在新旧商业交替的时代始终屹立于潮头，门店经营并没有什么奥秘，靠的就是令人信任的商品和卓绝的服务。

2. 借助互联网和大数据打造实体店

为了使门店与周边生活场景融为一体，实体店要接纳互联网商业思维，利用好线上社交工具，比如社群营销、小程序营销，也可以入驻大平台，借势发展。比如茵曼发挥流量优势，让品牌旗下的全国门店共享粉丝资源，通过多形式的引流和线上分销，让当地茵曼粉丝优先选择入店消费。

采用大数据管理手段，做好会员精准营销，也是实体店与用户进行连接的方式之一。精准的数据采集与分析，可以帮助门店找出粉丝级用户，并对他们展开独享的VIP服务。这些VIP用户将来很可能会成为稳固门店流量，以及二次引流的有效触媒。

3. 重视小众零售群体的存在

小众消费群体是新时代消费市场的生力军之一，不仅影响着门店的相关定位，还能促使门店客群定位和商圈定位的传统边界进行突破。个性体验是决定用户是否留在实体店消费的关键因素，能使拥有不同眼光、不同价值判断的用户都认可的门店，才能拥有好的未来，才能在3公里生活圈内获得长久收益。

小众群体一般都比较分散，而不是单纯的少数，但他们可能代表了未来商品的最新趋势。该群体是多元的、个性的、交互的，满足不同年龄、不同文化、不同背景、不同价值诉求的小众化需求，能够获得大流量。

不懂营销，创业不成

拍摄几个让人看了想转发的短视频

网络快速发展的时代，不论是用户，还是企业，都在不断成长、不断改变，企业必须时刻关注用户体验，不断创新。短视频作为新兴的视频流量平台，是年轻用户群体的集中地，是创新之源，也是企业营销的"风水宝地"。

世界杯期间，哈尔滨啤酒（简称哈啤）凭借抖音短视频等高价值广告曝光资源，获得了数十亿的曝光量。

哈啤在抖音上向用户发出："抖出庆祝新姿势"主题挑战赛，掀起了一场球迷哈啤大狂欢，成功吸引了超过27万用户参与，视频参与量高达35.3万，视频总播放次数超过13亿，成功地扩大了品牌影响力。

抖音达人的原创视频也为此次挑战赛的传播增添了浓墨重彩的一笔。众多抖音达人主动地参与互动视频，创造了破百万的视频播放量。

此外，特别定制的"喇叭＋足球＋哈啤"组合贴纸道具，使用人数超6.9万，也为品牌带来了强渗透力，让用户在视频创作中与品牌产生更加直观的互动。同时，哈尔滨啤酒在线下同步开展350场体验会，实现线上线下的同步高效互动，将"一起哈啤"营销效果推向了高潮。

随着市场机制的不断完善，企业竞争越来越激烈，如何做好宣传是小微企业生存发展必须要解决的问题。而短视频宣传片，就成了各小微企业宣传自己的必要方式。

短视频营销花费的成本和预算相对低廉，尤其适合资源有限的中小企业。作为视觉营销的一种形式，短视频营销更契合人类作为视觉动物的信息接收习惯。将镜头转向商品，加入个性化的元素，配合相应的促销信息，就能提高营销方的转化率，有效地把企业形象提升到一个新的层次，更好地把企业的商品和服务展示给大众。

短视频营销相对于图文，更加直观立体，更具有互动属性，一经发布，就能得到用户的反馈，点赞和评论的数量清晰可见。能让目标用户从旁观者成为参与者，帮助品牌建立口碑；也可以利用这一优势调整优化短视频内容，达到更好的营销效果。

小微企业做短视频宣传，首先是通过品牌宣传让用户知道公司，再利用营销手段让用户信任公司，继而为商品去买账。在这个链条当中，用户的想法很简单：自我投资类消费，花钱是为了以后赚更多的钱；购买消费类商品，是为了解决实际的问题，或获得一定的需求满足。

短视频宣传片的优势

对于小微企业来说，一个短视频宣传片的拍摄价格并不高，还能收获比其他宣传方式更显著、更快速的效果。因此，拍摄短视频宣传片进行品牌宣传也就成了小微企业必不可少的手段。

短视频宣传能带来哪些好处呢？

1.短视频宣传，用户不用跟工作人员直接接触，通过一段精彩的短片，就能让用户了解企业的文化、风采、主营业务和相关商品。而且，短视频属于媒体一类，宣传力度是所有宣传方式中影响范围最广、效果最好的。

2.在大型展会上，如果想要展示自己的企业概况，短视频宣传就是最好的方式。花费大量的资金去印刷宣传册，即使宣传册做得再漂亮，也无法给人们造成极大的冲击力，甚至会因为携带不便产生反面作用。而短视频宣传，能给人们留下更深的印象，更具吸引力、煽动性和专业性。

3.短视频宣传片可以为企业添上一件漂亮的外衣，提升企业的整体形象，达到良好的自我推销和展示实力的作用。此外，还能运用图像、声音、文字等多种元素，向用户传递企业的品牌理念，提高感染力，将用户带入视频情节中，更容易达成营销目标。

短视频拍摄的方法

信息时代，短视频不仅是人们娱乐的平台，更是小微企业和商家宣传的平台。那么，如何利用平台去快速传播、如何做好短视频宣传呢？

1.确定宣传目的

企业的需求不同，短视频拍摄的内容也就不同。因此，在拍摄短视频之前，必须要了解企业宣传的目的是为了促销商品，还是为宣传品牌文化从而制订不同的方案。

2.找到设备和场地

在正式拍摄之前，要选好设备和场地，保证拍摄工作的推进，提高拍摄质量。

3.准备拍摄文案

根据拍摄的内容定位，提前准备好宣传的文案，有好的底稿才能更好地制订拍摄的方案，达到预期的效果。

4.过程中的意见修改

在拍摄过程中，如果某些画面不适合或效果不好，一定要现场修改，及时提出解决方案，以免耽误拍摄的进度。

5.宣传剪辑的指导

短视频的剪辑如果不是由策划者来执行，策划者也要全程指导剪辑师的工作，互相配合，才能呈现出更加符合企业调性的宣传内容。

6.建立团队

企业短视频的拍摄，需要一个优秀的拍摄团队。做好前期的策划与配合，才能做出更好的内容，才能拍摄出符合企业调性的宣传片。没有团队的力量，效果就不会很理想。

小微企业短视频应该拍什么？

5G短视频时代，很多小微企业的老板也想通过发布短视频提升品牌影响力或提升业绩，但坚持一段时间后发现效果并不理想。短视频发出去了，播放量却少得可怜，点赞的都是自己的家人和朋友，无法取得理想的营销效果。原因之一就是，没定位好拍摄的主题，内容不吸引人。

小微企业切入短视频赛道一定要有持续的优质内容输出，而要有好的内容就要有好的选题，只有持续输出优质的作品，才能吸引流量、提升品牌形象、提升业绩！那么，哪些内容吸引人呢？

1.品牌传情故事

企业的成长往往伴随着不少故事，比如老板的创业故事，彰显着企业的信仰和目标，可以讲述一下创业中一些有趣的故事，把创业故事与人生理想、企业的文化内涵相结合。因为老板就是企业最好的品牌代言人。

除了创始人外，员工也是企业文化宣传的载体。员工也有奋斗故事，包含着打工人奋斗路上的笑与泪，这些都可以作为拍摄的主题，在短视频的内容里体现出来。用短视频讲好品牌故事，即使是平凡的人，普通的事，也能充满温度。

2.商品体验测评

有些小微企业做短视频时，很容易陷入"一味地拍摄商品功能，毫不关注用户体验"的误区。其实，跟商品比起来，用户往往更关注自己的体验，即商家会带给我什么样的商品、怎样的服务？而要想提升短视频的用户体验效果，可以侧重以下几个内容。

（1）"痛点描述+商品展示"。将痛点描述与商品的解决方案全部给出，并用做对比的方式体现商品功能，刺激用户的购买需求。

（2）"服务描述+商品展示"。一边展示商品，一边介绍服务，吸引人们的关注。

（3）"过程描述+商品展示"。一边展示商品，一边展示商品的使用或制造过程，满足受众的好奇心。

3. 行业知识讲解

短视频内容，可以围绕行业相关干货，进行科普讲解，教大家如何选择合适的商品、如何使用商品等，继而引出自己的商品。

4. 营销热点追踪

为了提高影响力，可以跟随社会热点，拍些短视频进行营销。不过，这种方式有一定风险，如果某些热点话题争议性较大，结果出现反转，很可能会对你的企业品牌造成负面影响，所以应谨慎为之。